AF566426

Macarons Backbuch

Die leckersten und abwechslungsreichsten Macaron Rezepte für jeden Anlass

Emelie Sandkamp

Email: info@edition-lunerion.de
www.edition-lunerion.de

Psiana eCom UG
Berumer Str. 44
26844 Jemgum

Vorwort

Sie sind farbenfroh, wunderhübsch anzusehen, haben gerade die richtige Naschgröße und sind zudem einfach unvergleichlich lecker: Die Rede ist von Macarons, den kleinen runden Köstlichkeiten aus französischen Backstuben. Man könnte die erlesenen Kreationen eigentlich jeden Tag genießen, leider sind sie in der Regel weder günstig noch leicht zu bekommen. Doch für dieses Problem gibt es eine elegante Lösung – backen Sie die Kunstwerke doch einfach selbst! Denn das geht viel leichter, als Sie vielleicht glauben und dieses Rezeptbuch macht Sie in kürzester Zeit zum Macaron-Meister! Eiweiß, Zucker, gemahlene Mandeln – mehr brauchen Sie meist gar nicht, um die Grundlage für die fröhlich-kunterbunten Backwerke herzustellen. Aufgehübscht und verfeinert wird dann je nach Rezept mit allem, was Ihnen gefällt. Denn ob lila, grün, gelb oder cremefarben, ob fruchtig, nussig, mit Alkohol oder sogar herzhaft, Macarons gibt es in allen Farben, Varianten und Geschmäckern, sodass Sie sich jeden Tag mit einer neuen Überraschung verwöhnen können. Zugegeben, ein wenig Übung werden Sie brauchen, aber mit den präzisen Schritt-für-Schritt-Anleitungen der praxiserprobten Rezepte in diesem Buch werden Sie schon bald kinderleicht die herrlichsten Ergebnisse aufs Blech zaubern. Zusätzlich sorgen Expertentipps zu Teigzubereitung, nützlichem Equipment, Lagerung und vielem mehr dafür, dass das Experiment „Macaron-Backstube“ auf jeden Fall ein voller Erfolg wird!

Guten Appetit!

INHALT

Wissenswertes

Das Backen von Macarons ist nicht besonders einfach, Sie werden vermutlich mehrere Anläufe und etwas Übung brauchen, bis Ihnen die Macarons perfekt gelingen. Das Tolle an Macarons ist, dass man sie in nahezu jeder Geschmacksrichtung herstellen kann, sodass definitiv für jeden Geschmack etwas dabei ist! Sie können sich auch eigene Kreationen für eine leckere Füllung überlegen, die Macaron-Hälften nach dem Grundrezept hier zubereiten und dann mit Ihrer ganz persönlichen Füllung befüllen. Ihrer Fantasie sind keine Grenzen gesetzt! Es gibt jedoch ein paar Dinge, auf die Sie beim Backen von Macarons unbedingt achten sollten:

Abwiegen der Zutaten

Entscheidend ist zunächst vor allem das exakte Abwiegen der Zutaten. Unterläuft Ihnen hier ein Fehler, kann die Macaron-Masse schnell zu flüssig werden und beim Backvorgang entsprechend viel zu sehr verlaufen. Das ist auch der Grund, weshalb Sie Lebensmittelfarbe als Paste oder Pulver verwenden sollten, es sei denn, in den folgenden Rezepten wird ausdrücklich Flüssigfarbe verwendet. Achten Sie also genau darauf, die angegebenen Mengen exakt abzuwiegen. Hierfür empfiehlt sich eine gute Küchenwaage, die Ihnen das Gewicht in Grammzahlen genau angibt. Sollten Sie keine entsprechende Küchenwaage im Haus haben, machen Sie mit einer digitalen Feinwaage definitiv nichts falsch. Solche können Sie im Internet bereits für kleines Geld erwerben. Außerdem benötigen Sie für manche Rezepte ein Thermometer. Auch hierzu finden Sie im Internet eine große Auswahl.

Perfekte Macarons

Für manche Rezepte sollte das Eiweiß ein paar Tage alt sein. Dies ist kein Muss, sorgt aber dafür, dass die Flüssigkeit verdunstet und der Eischnee beim Aufschlagen deutlich fester bzw. stabiler ist. Trennen Sie die Eier hierfür vorab, decken Sie das Eiweiß mit Frischhaltefolie ab, stechen Sie wenige Löcher (z. B. mit einem Zahnstocher) in die Folie und stellen Sie es für die gewünschte Zeit in den Kühlschrank. Achten Sie aber auf das rechtzeitige Herausnehmen, denn das Eiweiß sollte bei der Zubereitung zimmerwarm sein.

Ein weiterer Hinweis für Anfänger: Es gibt spezielle Macaron-Backmatten aus Silikon, auf der die Macaron-Kreise sozusagen abgedruckt sind. Wenn Sie mit einer solchen Matte arbeiten, wissen Sie genau, wie groß die Kleckse sein sollten, und es entstehen schön gleichmäßige Kleckse, was für das Zusammensetzen am Ende wichtig ist.

Sie können aber auch eine Macaron-Schablone aus Papier oder Pappe herstellen und diese in gleichmäßigen Abständen auf das Backpapier abzeichnen. So gelingen Ihnen auch exakt gleich große Macaron-Hälften ohne entsprechende Silikonmatte. Verwenden Sie hier einen Spritzbeutel mit 8 mm Lochtülle. Die Macaron-Schalen sollten idealerweise einen Durchmesser von 2-3 cm haben, es sei denn, es steht etwas anderes im Rezept (beispielsweise sind die herzhaften Macarons größer, damit sie besser gefüllt werden können). Dies mag Ihnen klein vorkommen, aber die Schalen gehen beim Backen noch etwas auf bzw. laufen etwas auseinander. Nachdem Sie die Macarons auf das Blech gespritzt haben, müssen Sie im Regelfall eine gewisse Zeit trocknen. Lassen Sie das Blech dafür einfach eine Weile (üblicherweise 30 Minuten) bei Zimmertemperatur stehen. Stellen Sie das Blech also nicht in den Kühlschrank! Sinn und Zweck der Ruhezeit ist die sich dadurch bildende Kruste, was beim Backen dazu führt, dass die Macarons „Füßchen“, also einen kleinen Rand, bekommen und oben nicht aufreißen.

Im Ofen

Achten Sie beim Backen darauf, nicht mehrere Bleche Macarons gemeinsam zu backen. Bei einem Blech Macarons ist die Verteilung der Hitze ideal, bei zwei oder mehr Blechen im Ofen besteht die Gefahr, dass die Macarons Risse bekommen.

Nach dem Backen

Es ist wichtig, dass die Macaron-Hälften nach dem Backen eine gewisse Zeit abkühlen, denn so lassen sie sich nicht nur besser vom Backpapier lösen und es entstehen keine Risse, auch die Füllung schmilzt Ihnen auf diese Weise nicht dahin. Nehmen Sie die Macaron-Schalen also nach dem Backen aus dem Ofen und ziehen Sie das Backpapier vorsichtig vom Blech herunter. Nach 30 Minuten sollten die Macaron-Hälften ausreichend abgekühlt sein (außer es steht etwas anderes im Rezept) und Sie können mit der Zubereitung der Füllung beginnen. Wenn die Macarons bereit zum Befüllen sind, drehen Sie sie um und befüllen dann die Hälfte der Schalen. Setzen Sie die übrigen Macaron-Schalen als Deckel darauf und drücken Sie diese leicht an.

Lagerung

Die fertigen Macarons sollten Sie in einem luftdichten Behälter kühl lagern und innerhalb von 5-7 Tagen verzehren. Sie können die Macarons auch stapeln, legen Sie dafür nur unbedingt Backpapier zwischen die einzelnen Lagen, damit die Macarons später nicht aneinanderkleben. Haben Sie die Macarons vorgebacken oder eine größere Menge hergestellt, können die Macarons auch problemlos eingefroren werden. Sie müssen dann nur eine Weile auftauen, bevor Sie sie genießen können.

Lesen Sie unbedingt das nachfolgende Grundrezept zur erfolgreichen Herstellung von Macarons. Dort finden Sie weitere wichtige Hinweise, worauf Sie bei der Zubereitung achten müssen, und Tipps, die Ihnen das Zaubern von Macarons erleichtern!

GRUNDREZEPT FÜR CA. 10 MACARONS:

Zutaten:

Für die Macaron-Hälften:

40 g gemahlene Mandeln
9 g Zucker
70 g Puderzucker
33 g Eiweiß
Etwas Lebensmittelfarbpaste n. B.

Für die Ganache:

90 g weiße Schokolade
45 g Schlagsahne

Zubereitung:

1. Mandeln und Puderzucker werden gemischt und im Mixer fein gemahlen. Mischung ein- bis zweimal sieben, sodass feiner Mandel-Zucker-Staub entsteht. Die größeren Stückchen im Sieb nochmals mixen. Dies ist für eine glatte, ebenmäßige Oberfläche der Macarons wichtig.
2. Schlagen Sie das Eiweiß auf und lassen Sie den Zucker dabei einrieseln, sobald das Eiweiß zu schäumen beginnt. An dieser Stelle geben Sie auch die Lebensmittelfarbe dazu und schlagen das Eiweiß so lange, bis fester Eischnee entstanden ist.
3. Mandelmischung portionsweise mithilfe eines Teigspatels immer von unten nach oben unter den Eischnee heben, bis die Masse zähfließend und glänzend vom Spatel herunterläuft.
4. Geben Sie die Masse in einen Spritzbeutel mit einer Lochtülle von 8 mm Durchmesser und spritzen Sie auf eine Silikonbackmatte oder auf ein mit Backpapier ausgelegtes Backblech kleine Kleckse mit einem Durchmesser von 2 bis maximal 3 cm. Achten Sie dabei auf genügend Abstand zwischen den einzelnen Klecksen.
5. Sofern die Spitzen durch das Aufspritzen noch hochstehen, das Blech ein bis zweimal auf die Arbeitsfläche schlagen. So werden eventuell eingeschlossene Luftblasen vermieden. Blech 30 Minuten stehen lassen, sodass die Schale etwas antrocknet, und anschließend bei 145 °C Ober-/Unterhitze im vorgeheizten Ofen auf mittlerer Ebene 12-13 Minuten backen.

6. Blech aus dem Ofen nehmen, das Backpapier mit den Macaron-Schalen vorsichtig auf die Arbeitsfläche ziehen und abkühlen lassen. So lassen sie sich später besser ablösen.
7. Währenddessen die Schokolade für die Ganache hacken. Sahne unter stetigem Rühren im Topf zum Kochen bringen und dann auf die Schokolade gießen. So lange verrühren, bis die Schokolade vollständig geschmolzen ist. Ganache abkühlen lassen und 2 Stunden in den Kühlschrank stellen.
8. Ganache nach der Kühlung mit einem Handrührgerät aufschlagen, bis sie fester und heller geworden ist. Dann in einen Spritzbeutel füllen, Macaron-Hälften vom Backpapier lösen, umdrehen und die Ganache auf die Hälfte der Macaron-Schalen spritzen. Übrige Schalen als Deckel draufsetzen und leicht andrücken.
9. Macarons über Nacht luftdicht kühl stellen und am nächsten Tag genießen!

Tipp: Sie können auch frische ganze Mandeln kaufen und diese einfach selber schälen. Dafür müssen Sie die Mandeln zuerst in kochendem Wasser 2 Minuten brühen, dann das Wasser abgießen und die Mandeln zwischen den Fingern aus der Schale drücken. Bevor Sie die Mandeln mixen, sollten sie trocken sein, dafür eine Weile in den Backofen oder auf eine Heizung legen.

Nun wünsche ich Ihnen ganz viel Freude beim Herstellen der Macarons. Haben Sie erst einmal den Dreh raus, werden Sie diese kleinen Köstlichkeiten lieben! Aber Achtung… es besteht Suchtgefahr!

Schoko & Vanille

SCHOKO-MACARONS MIT NUTELLA

25 Stk.

1 Std.
35 Min.

Leicht

Zutaten

Für die Macaron-Hälften:
20 g Backkakao
110 g gemahlene Mandeln
55 g Nutella
190 g Puderzucker
3 Eiweiß
2 EL Zucker

Für die Ganache:
55 g Zartbitterschokolade
150 ml Schlagsahne
Ein paar Tropfen Zitronensaft

Nährwerte p. S.

108 kcal
11 g Kohlenhydrate
6 g Fett
2 g Eiweiß

1 Mandeln zweimal sieben. Puderzucker und Kakao danach ebenfalls sieben und mit den Mandeln mischen. Eiweiß mit Zitronensaft steif schlagen und den Zucker langsam unterrühren. Mandelmischung unterheben.

2 Masse in einen Spritzbeutel geben und auf einem mit Backpapier ausgelegten Backblech kleine Tupfer setzen. Blech 40-50 Minuten beiseitestellen.

3 Macaron-Hälften bei 170 °C Ober-/Unterhitze 13-15 Minuten backen. Währenddessen die Sahne in einer Schale in der Mikrowelle etwas erwärmen. Schokolade und Nutella zugeben und alles verrühren, bis die Schokolade geschmolzen ist. Ganache kaltstellen, bis sie fest ist.

4 Zum Schluss die Hälfte der Macaron-Hälften mit der Ganache bestreichen und die übrigen Schalen aufsetzen.

KLASSISCHE VANILLE-MACARONS

12 Stk.

8 Std. 20 Min.

Mittel

Zutaten

Für die Macaron-Hälften:
45 g Puderzucker
2 x 16 g Eiweiß
(3-4 Tage alt)
45 g gemahlene, blanchierte Mandeln
45 g Zucker
12 g Wasser

Für die Creme:
6 g Vanillepuddingpulver
90 ml Vollmilch
10 g Puderzucker
35 g weiche Butter
7 g Zucker
½ TL Vanillearoma

Nährwerte p. S.

87 kcal
10 g Kohlenhydrate
5 g Fett
1 g Eiweiß

1 Für die Creme 2 EL der Milch, Zucker und Puddingpulver vermengen. Milch in einem Topf aufkochen und Vanillearoma hinzugeben. Pudding-Zucker-Mischung unterrühren und nochmals kurz aufkochen lassen. Dann in eine Schüssel umfüllen und 40 Minuten erkalten lassen.

2 Butter und Puderzucker aufschlagen. Pudding nach und nach hinzugeben. Masse 45 Minuten kühlstellen. Währenddessen für die Macaron-Hälften Mandeln und Puderzucker mit einem Stabmixer fein mixen. Mischung anschließend sieben und mit 16 g Eiweiß mischen, sodass eine glatte Masse entsteht.

3 Übriges Eiweiß steif schlagen. Zucker und Wasser im Topf zum Kochen bringen. Dabei die Temperatur mithilfe eines Thermometers kontrollieren. Bei 118 °C Zuckersirup zu dem Eischnee geben und rühren, bis die Mischung lauwarm ist.

4 2 EL des lauwarmen Eischnees zu der Mandelmischung geben und mit einem Teigschaber verrühren. Diesen Vorgang so lange wiederholen, bis der gesamte Eischnee in der Mandelmischung verarbeitet ist.

5 Auf einer speziellen Silikonmatte für Macarons oder einem mit Backpapier ausgelegten Backblech die Masse mithilfe eines Spritzbeutels in kleinen Kreisen (ca. so groß wie 2€-Münzen) aufsetzen. Diese 25 Minuten trocknen lassen, dann bei 155 °C Umluft im vorgeheizten Ofen 12 Minuten backen. Nach der Hälfte der Zeit das Blech einmal umdrehen. Macaron-Schalen nach dem Backen 15 Minuten erkalten lassen.

6 Creme aus dem Kühlschrank nehmen, in einen Spritzbeutel geben und auf die Hälfte der Schalen spritzen. Die anderen Hälften draufsetzen. Die Macarons für mindestens 6 Stunden in einer luftdichten Dose oder Schale kühlstellen.

SCHOKO-MACARONS MIT KIRSCH-GANACHE

12 Stk.

1 Tag

Leicht

Zutaten

Für die Macaron-Hälften:
45 g gemahlene, blanchierte Mandeln
28 g Eiweiß (3-4 Tage alt)
12 g Zucker
45 g Puderzucker
Etwas rote Lebensmittelfarbe

Für die Füllung:
45 g Zartbitterkuvertüre
55 g Sauerkirschen mit 2 EL Kirschsaft (aus dem Glas)
18 g Zucker

Nährwerte p. S.

76 kcal
10 g Kohlenhydrate
3 g Fett
1 g Eiweiß

1 Kuvertüre hacken und im Wasserbad schmelzen. Kirschsaft und Kirschen mit einem Mixer pürieren und mit 18 g Zucker im Topf zum Kochen bringen. In eine Schüssel umfüllen und mit der Kuvertüre vermengen. Masse über Nacht kühl stellen.

2 Puderzucker und Mandeln fein mixen und sieben. Eiweiß halb steif schlagen, den übrigen Zucker nach und nach zugeben und 6-8 Minuten schlagen. Dabei etwas Lebensmittelfarbe zugeben. Eischnee unter die Mandelmischung heben.

3 Masse in einen Spritzbeutel geben und kleine Tupfer auf eine Macaron-Silikonmatte oder ein mit Backpapier ausgelegtes Blech spritzen. Die Macaron-Hälften 25 Minuten trocknen lassen und dann bei 155 °C Umluft im vorgeheizten Ofen auf mittlerer Ebene 12 Minuten backen.

4 Macaron-Hälften 10 Minuten erkalten lassen, dann die Füllung auf die Hälfte der Schalen geben und die Deckel draufsetzen. Fertige Macarons luftdicht verpacken und über Nacht kühl stellen.

SAFTIGE SCHOKOLADENMACARONS

15 Stk.

1,5 Std.

Leicht

Zutaten

Für die Macaron-Hälften:
20 g Backkakao
2 Eiweiß
1 Prise Salz
65 g gemahlene Mandeln
190 g Puderzucker
18 g Zucker

Für die Ganache:
½ EL Butter
130 g Zartbitterschokolade
90 g Schlagsahne

Nährwerte p. S.

155 kcal
19 g Kohlenhydrate
8 g Fett
2 g Eiweiß

1 Für die Macaron-Hälften Mandeln und Puderzucker sieben und mit dem Kakao vermengen. Eiweiß und Salz steif schlagen und langsam den Zucker hinzugeben. Dann die Mandel-Mischung nach und nach unterheben.

2 Masse in einen Spritzbeutel füllen und auf ein mit Backpapier ausgelegtes Blech kleine Taler spritzen. Anschließend 20 Minuten beiseitestellen und den Ofen auf 160 °C Heißluft vorheizen. Schalen bei 145 °C 12-14 Minuten backen. Danach abkühlen lassen.

3 Für die Ganache Schokolade im Topf schmelzen. Sahne nach und nach hinzugießen und gut verrühren. Butter einrühren.

4 Ganache mithilfe eines Spritzbeutels auf die Hälfte der Macaron-Schalen geben und jeweils die anderen Hälften draufsetzen.

VANILLE-MACARONS MIT WEIßER PISTAZIENGANACHE

25 Stk.

1 Std. 40 Min.

Leicht

Zutaten

Für die Macaron-Hälften:
140 g Puderzucker
120 g gemahlene Mandeln
3 Eiweiß
1 Vanilleschote
90 g Zucker

Für die Ganache:
190 g weiße Schokolade
140 g Schlagsahne (30 % Fett)
140 g Pistazien

Nährwerte p. S.

161 kcal
15 g Kohlenhydrate
10 g Fett
3 g Eiweiß

1 Mandeln und Puderzucker im Mixer fein mahlen, dann sieben. Vanilleschote aufschneiden, Mark herauskratzen und dieses mit Zucker vermengen. Eiweiß steif schlagen und Zucker-Vanille-Mischung langsam hinzugeben.

2 Mandelmischung unter das Eiweiß heben und Masse in einen Spritzbeutel geben. Damit kleine Kreise auf ein mit Backpapier ausgelegtes Blech spritzen. Blech danach vorsichtig ein- bis zweimal auf die Arbeitsfläche klopfen. Danach 30 Minuten beiseitestellen.

3 Macaron-Hälften auf mittlerer Ebene bei 180 °C Ober-/Unterhitze im vorgeheizten Ofen 8 Minuten backen. Danach erkalten lassen.

4 Schokolade zerbrechen und Pistazien fein hacken. Sahne und Schokolade im Wasserbad schmelzen, Pistazien einrühren und die Ganache danach in einem kalten Wasserbad kaltrühren.

5 Ganache in einen Spritzbeutel geben, auf die Hälfte der Macaron-Hälften spritzen und die anderen Hälften draufsetzen.

SCHOKO-MACARONS MIT HIMBEERFÜLLUNG

25 Stk.

3 Std. 40 Min.

Leicht

Zutaten

Für die Macaron-Hälften:
95 g gemahlene Mandeln
1 gestrichener EL Backkakao
1 Prise Salz
190 g Puderzucker
85 g Eiweiß
2 TL Zucker

Für die Füllung:
45 g weiche Butter
1 Pck. Vanillezucker
45 g feine Himbeermarmelade
95 g Puderzucker
Einige Tropfen rote Back- und Speisefarbe

Außerdem:
Etwas Puderzucker für die Dekoration

Nährwerte p. S.

76 kcal
10 g Kohlenhydrate
4 g Fett
1 g Eiweiß

1 Puderzucker, Kakao und Mandeln im Mixer fein pürieren, dann sieben. Eiweiß schaumig schlagen und Zucker und Salz langsam unterrühren. Masse 5 Minuten lang steif schlagen. Mandel-Mischung nach und nach unterheben.

2 Masse in einen Spritzbeutel füllen und auf ein mit Backpapier belegtes Blech kleine Tupfer spritzen. Diese 30 Minuten trocknen lassen und dann im vorgeheizten Ofen bei 155 °C Ober-/Unterhitze 12-14 Minuten backen. Danach erkalten lassen.

3 Für die Füllung Marmelade, Butter, Vanillezucker und Puderzucker mit einem Mixer aufschlagen. Speisefarbe einrühren und die Creme mithilfe eines Spritzbeutels auf die Hälfte der Macaron-Hälften verteilen und die Macarons fertig zusammensetzen.

4 Macarons mindestens 2 Stunden kühlstellen, sodass die Creme fest wird. Zum Schluss mit etwas Puderzucker verzieren.

VANILLE-MACARONS GEFÜLLT MIT SCHOKOSAHNE

40 Stk.

13 Std. 25 Min.

Mittel

Zutaten

Für die Macaron-Hälften:
2 x 95 g Eiweiß
240 g gemahlene Mandeln
Mark einer Vanilleschote
240 g Puderzucker
75 ml Wasser
1 Prise Salz
240 g Zucker

Für die Füllung:
190 ml Schlagsahne
95 g gehackte Zartbitterschokolade

Nährwerte p. S.

115 kcal
14 g Kohlenhydrate
6 g Fett
2 g Eiweiß

1 Für die Füllung Schlagsahne im Topf erhitzen und dann in einer Schale zu der Schokolade geben. Mischung 8 Minuten stehen lassen und dann durchrühren. Danach abkühlen lassen und über Nacht kühlstellen.

2 Mandeln und Puderzucker für die Macaron-Hälften sieben und mit dem Vanillemark mischen. 95 g Eiweiß zugeben und alles verrühren.

3 Zucker und Wasser bei mittlerer Hitze im Topf zum Kochen bringen, dabei nicht rühren! Salz und übriges Eiweiß in eine Rührschüssel geben. Mit einem Thermometer messen, ob der Zuckersirup 115 °C erreicht hat. Ist das der Fall, das Eiweiß in der Schüssel steif schlagen. Sobald die Mischung 120 °C heiß ist, diese unter Rühren langsam zu dem Eiweiß geben und so lange rühren, bis die Masse fest und abgekühlt ist.

4 Eiweiß-Zucker-Mischung portionsweise unter die Mandel-Mischung heben, sodass eine zähflüssige Masse entsteht. Masse anschließend in einen Spritzbeutel geben und kleine Kreise auf ein mit Backpapier belegtes Blech setzen. Dieses für 25 Minuten zur Seite stellen.

5 Macaron-Schalen bei 145 °C Ober-/Unterhitze 10-12 Minuten im vorgeheizten Ofen backen und danach erkalten lassen.

6 Füllung aufschlagen und Macarons zusammensetzen.

VANILLE-MACARONS MIT KOKOSFÜLLUNG

35 Stk.

1 Std. 20 Min.

Leicht

Zutaten

Für die Macaron-Hälften:
85 g Eiweiß (1 Tag vorher vom Eigelb getrennt im Kühlschrank aufbewahrt)
1 Prise Salz
140 g Puderzucker
110 g Mandeln

Für die Füllung:
Vanillemark aus 1 ½ Vanilleschoten
2 EL Milch
95 g Puderzucker
4 EL Kokosraspel
110 g Butter

Nährwerte p. S.

71 kcal
4 g Kohlenhydrate
5 g Fett
1 g Eiweiß

1 Mandeln fein mixen. Eiweiß mit Salz steif schlagen und den Puderzucker einrieseln lassen. Insgesamt 5 Minuten schlagen. Eischnee unter die Mandeln heben.

2 Masse in einen Spritzbeutel geben und gleich große Tupfer auf eine Macaron-Backmatte oder ein mit Backpapier ausgelegtes Blech setzen. Diese bei 80 °C Ober- /Unterhitze auf mittlerer Ebene 16-18 Minuten backen. Dann die Temperatur auf 175 °C erhöhen und die Hälften 6-8 Minuten fertig backen. Danach abkühlen lassen.

3 Für die Füllung Milch, Vanillemark, Puderzucker und Butter 3 Minuten aufschlagen. Am Ende die Kokosraspel unterrühren. Füllung mithilfe eines Spritzbeutels auf die Hälfte der Macaron-Schalen geben und die anderen Hälften jeweils draufsetzen. Bis zum Servieren kaltstellen.

ORANGEN-SCHOKO-MACARONS

12 Stk.

5 Std.
45 Min.

Leicht

Zutaten

Für die Macaron-Hälften:
40 g gemahlene Mandeln
Etwas rote Lebensmittelfarbe
30 g Eiweiß (mindestens 5 Tage alt)
8 g Zucker
70 g Puderzucker

Für die Ganache:
1 EL Orangenabrieb
90 ml Schlagsahne
90 g gehackte Zartbitterschokolade

Nährwerte p. S.

112 kcal
11 g Kohlenhydrate
7 g Fett
2 g Eiweiß

1 Für die Macaron-Hälften Puderzucker und Mandeln fein mixen, dann sieben. Eiweiß schaumig schlagen, dann den Zucker einrieseln lassen und dabei weiterschlagen. Lebensmittelfarbe zugeben und das Eiweiß steif schlagen.

2 Mandel-Mischung portionsweise unter den Eischnee heben. Masse in einen Spritzbeutel füllen und kleine Kreise auf eine Macaron-Matte oder ein mit Backpapier belegtes Blech spritzen.

3 Macaron-Hälften 20-25 Minuten trocknen lassen und anschließend im vorgeheizten Ofen bei 140 °C Ober-/Unterhitze 16-18 Minuten auf mittlerer Ebene backen. Danach herausnehmen und abkühlen lassen.

4 Für die Ganache Sahne im Topf etwas erwärmen. Orangenabrieb und Schokolade zugeben und so lange miteinander vermengen, bis die Schokolade geschmolzen ist. Ganache abdecken und 35-40 Minuten kühl stellen.

5 Ganache nochmals durchrühren, in einen Spritzbeutel geben und auf einen Teil der Macaron-Hälften spritzen. Die übrigen Hälften draufsetzen.

6 Macarons für 4 Stunden kühl stellen und genießen.

VANILLE-SALZKARAMELL-MACARONS

25 Stk.

14 Std.
40 Min.

Leicht

Zutaten

Für die Macaron-Hälften:
165 g Zucker
130 g Eiweiß
140 g gemahlene Mandeln
140 g Puderzucker
2 EL Vanillepulver

Für das Karamell:
48 ml Crème fraîche
19 g leicht gesalzene Butter
140 g Zucker oder brauner Zucker
95 ml Wasser

Nährwerte p. S.

123 kcal
19 g Kohlenhydrate
4 g Fett
2 g Eiweiß

1 Zucker aufteilen. Eiweiß schaumig schlagen, dann den einen Teil des Zuckers zugeben und eine Weile weiterschlagen. Anderen Teil des Zuckers ebenfalls zugeben und zu festem Eischnee schlagen. Mandeln und Puderzucker zusammen sieben und vorsichtig unter den Eischnee heben.

2 Vanillepulver ebenfalls unterheben und Masse in einen Spritzsack geben. Auf ein mit Backpapier ausgelegtes Blech kleine Taler spritzen. Diese 60 Minuten trocknen lassen und dann bei 145 °C Umluft im vorgeheizten Ofen ungefähr 15 Minuten backen und dann abkühlen lassen.

3 Für die Karamellcreme Wasser und Zucker im Topf zum Kochen bringen und bei wenig Hitze die Masse ohne Rühren braun werden lassen. Von der Platte nehmen und Butter unterrühren. Crème fraîche ebenfalls zugeben und Karamell in einem Glas 35 Minuten kühl stellen.

4 Macarons zusammensetzen, indem die Karamellcreme auf die Hälfte der Macaron-Schalen gestrichen wird und die übrigen Hälften daraufgesetzt werden.

5 Macarons luftdicht über Nacht kühl stellen und am nächsten Tag genießen.

BANANEN-SCHOKO-MACARONS

16 Stk.

1 Std.
40 Min.

Leicht

Zutaten

Für die Macaron-Hälften:
2 TL Backkakao
45 g Mandeln
70 g Puderzucker
1 Prise Salz
18 g Zucker
1 Eiweiß
1 Msp. Backpulver

Für die Füllung:
2 kleine Bananen
2 TL brauner Zucker
45 ml Schokoladensoße

Außerdem:
Etwas Puderzucker zum Bestreuen

Nährwerte p. S.

61 kcal
11 g Kohlenhydrate
2 g Fett
1 g Eiweiß

1 Mandeln schälen und im Mixer fein pürieren. Puderzucker zugeben und nochmals mixen. In einer Schale mit dem Backpulver und dem Kakao vermengen. Eiweiß und Salz schaumig aufschlagen, Zucker langsam hinzugeben und Eiweiß steif schlagen.

2 Masse in einen Spritzbeutel geben und kleine Taler auf ein mit Backpapier belegtes Blech spritzen. Diese 25 Minuten beiseitestellen und anschließend bei 130 °C Umluft im vorgeheizten Ofen auf mittlerer Ebene ca. 12 Minuten backen.

3 Eine Banane mit einer Gabel zerdrücken und mit dem Zucker vermengen. Mischung auf die Hälfte der abgekühlten Macaron-Hälften streichen.

4 Andere Banane in dünne Scheiben schneiden, je eine Scheibe auf das Bananenpüree legen und etwas Schokosoße darüberträufeln. Die übrigen Macaron-Hälften aufsetzen und die fertigen Macarons mit Puderzucker bestäuben.

Beerenmacarons

MACARONS GEFÜLLT MIT EINER ERDBEER-SCHOKO-CREME

10 Stk.

1 Std. 45 Min.

Leicht

Zutaten

Für die Macaron-Hälften:
40 g gemahlene Mandeln
1 Eiweiß
1 Prise Salz
80 g Kokosblütenzucker
Etwas rote Lebensmittelfarbe

Für die Füllung:
45 g weiße Schokolade
1 EL Schlagsahne (lauwarm)
2-3 pürierte Erdbeeren

Nährwerte p. S.

91 kcal
11 g Kohlenhydrate
5 g Fett
2 g Eiweiß

1 Zucker und Mandeln vermengen, Eiweiß und Salz steif schlagen und die Farbe zugeben. Mandelmischung unter den Eischnee heben und die Masse in einen Spritzbeutel füllen.

2 Auf ein mit Backpapier ausgelegtes Blech kleine Taler spritzen und diese anschließend 25 Minuten stehen lassen. Macaron-Hälften bei 140 °C Umluft im vorgeheizten Ofen 12-13 Minuten backen und danach abkühlen lassen.

3 Schokolade und Sahne verrühren. Dann das Erdbeerpüree untermengen. Die Füllung auf einen Teil der Macaron-Hälften geben und die übrigen Hälften draufsetzen.

CASSIS-MACARONS

25 Stk.

1 Std. 40 Min.

Leicht

Zutaten

Für die Macaron-Hälften:
110 g + 3 EL Puderzucker
95 g Mandelblättchen
1 Prise Salz
2 Msp. Backpulver
2 Eiweiß

Für die Füllung:
2 TL Wasser
45 ml Schlagsahne
8 g weiche Butter
65 g Cassis
95 g Zartbitterschokolade

Außerdem:
Etwas Backkakao zum Bestreuen

Nährwerte p. S.

82 kcal
13 g Kohlenhydrate
3 g Fett
1 g Eiweiß

1 Backpulver zusammen mit Mandelblättchen und 110 g Puderzucker fein mixen. Eiweiß mit Salz steif schlagen. 3 EL Puderzucker unterschlagen. Mandelmischung dazusieben und mit einem Teigschaber unterheben.

2 Masse in einen Spritzbeutel füllen und auf zwei mit Backpapier ausgelegte Bleche kleine Häufchen spritzen. Diese 16-18 Minuten im vorgeheizten Ofen bei 130 °C Heißluft backen. Danach abkühlen lassen.

3 Für die Füllung Beeren, Wasser und Puderzucker in einer kleinen Pfanne kurz kochen lassen, dann durch ein Sieb streichen. Sahne in einer Pfanne zum Kochen bringen, Schokolade unterrühren und die Beerenmasse und die Butter zugeben. Alles abkühlen lassen.

4 Masse in einen Spritzbeutel geben und auf die Hälfte der Macaron-Schalen geben. Die übrigen Hälften aufsetzen und Macarons mit etwas Kakao bestäuben.

BEEREN-MACARONS

 28 Stk.

 1 Std. 25 Min.

Mittel

Zutaten

Für die Macaron-Hälften:
95 g gemahlene, geschälte Mandeln
2 Eiweiß
140 g Puderzucker, 3 EL davon beiseitegestellt
1 Prise Salz
1 Msp. Backpulver
3 Tropfen rote Lebensmittelfarbe

Für das Beerenpüree:
95 g tiefgekühlte Beeren (aufgetaut)
45 g Zucker
1 TL Zitronensaft

Zum Verzieren:
45 g Puderzucker
2 EL Betty Bossi Himbeer-Streusel
4 Tropfen rote Lebensmittelfarbe
1 EL Zitronensaft

Für die Füllung:
95 g Doppelrahmfrischkäse

Nährwerte p. S.

65 kcal
9 g Kohlenhydrate
3 g Fett
1 g Eiweiß

1 Puderzucker, Mandeln und Backpulver im Mixer mahlen. Eiweiß und Salz steif schlagen und den zur Seite gestellten Puderzucker einrühren. Mandelmischung dazu sieben, Lebensmittelfarbe zufügen und alles mischen.

2 Masse in einen Spritzbeutel umfüllen und auf mit Backpapier belegte Bleche kleine Kreise spritzen. Dann bei 135 °C Heißluft im vorgeheizten Ofen 16-18 Minuten backen und anschließend abkühlen lassen.

3 Währenddessen Zitronensaft, Beeren und Zucker im Topf zum Kochen bringen. Bei wenig Hitze ein paar Minuten köcheln lassen, dann die Mischung durch ein Sieb in eine Schale streichen und erkalten lassen.

4 Für die Verzierung Zitronensaft, Lebensmittelfarbe und Puderzucker zu einer Glasur verrühren. Diese in einen Spritzsack füllen, eine Spitze von ungefähr 2 mm abschneiden und die Hälfte der Macaron-Schalen (sozusagen die Deckel) streifenartig damit bespritzen. Himbeerstreusel darüber streuen.

5 Für die Füllung die Beerenmischung mit dem Frischkäse vermengen und die Masse in einen Spritzbeutel geben. Mischung auf die Hälfte der Macaron-Schalen geben und die verzierten Deckel draufsetzen.

BROMBEER-MACARONS

30 Stk.

1 Tag

Leicht

Zutaten

Für die Macaron-Hälften:
2 Eiweiß
1 Prise Salz
140 g Puderzucker
110 g gemahlene Mandeln
1 Tropfen lila Lebensmittelfarbe

Für die Creme:
35 g Brombeermarmelade
95 g Butter
25 g Marzipanrohmasse
45 g Puderzucker
1 Tropfen rote Lebensmittelfarbe

Nährwerte p. S.

78 kcal
7 g Kohlenhydrate
5 g Fett
1 g Eiweiß

1 Eiweiß in einer Schale mit Frischhaltefolie abdecken und über Nacht kühl stellen.

2 Mandeln sieben, Reste fein mixen und nochmals durch ein Sieb streichen. Eiweiß und Salz steif schlagen und dabei langsam den Puderzucker zugeben. Lebensmittelfarbe ebenfalls einrühren.

3 Mandeln unter den Eischnee heben und die Masse in einen Spritzbeutel füllen. Auf eine Silikonmatte für Macarons oder ein mit Backpapier belegtes Blech kleine Tupfer spritzen. Diese 30 Minuten trocknen lassen.

4 Macaron-Hälften anschließend bei 80 °C Ober-/Unterhitze im vorgeheizten Ofen gut 25 Minuten backen. Danach abkühlen lassen.

5 Für die Creme Marzipan und Butter klein schneiden und zusammen aufschlagen. Marmelade, Puderzucker und Lebensmittelfarbe zugeben. Creme in einen Spritzbeutel geben und die Hälfte der Macaron-Schalen damit bespritzen. Deckel aufsetzen und leicht andrücken.

ERDBEER-MACARONS

12 Stk. 1 Tag Mittel

Zutaten

Für die Macaron-Hälften:
45 g Puderzucker
45 g gemahlene, blanchierte Mandeln
12 g Zucker
28 g Eiweiß
Etwas rote Lebensmittelfarbe

Für die Füllung:
75 g Schlagsahne
1 Eigelb
38 g gefriergetrocknetes Erdbeerpulver
75 g weiße Kuvertüre
65 g Erdbeeren
5 g Zucker

Nährwerte p. S.

119 kcal
11 g Kohlenhydrate
7 g Fett
2 g Eiweiß

1 Kuvertüre hacken und im heißen Wasserbad schmelzen. Erdbeeren säubern, abtupfen, pürieren und im Topf zum Kochen bringen. Zucker und Eigelb verrühren und Püree nach und nach untermengen. Masse im Wasserbad unter Rühren auf ca. 80 °C erwärmen. Dann aus dem Wasserbad nehmen und mit der Kuvertüre und dem Erdbeerpulver mischen. Alles 12-15 Minuten erkalten lassen.

2 Sahne steif schlagen und in zwei Teilen unter die Erdbeermasse heben. Abgedeckt über Nacht in den Kühlschrank stellen.

3 Für die Macaron-Hälften Mandeln und Puderzucker fein mixen und sieben. Eiweiß halb steif schlagen, dabei den Zucker langsam zugeben und Eiweiß ganz steif schlagen. Etwas Lebensmittelfarbe unterrühren. Eischnee unter die Mandelmischung heben und in einen Spritzbeutel füllen. Auf ein mit Backpapier ausgelegtes Blech kleine Tupfen spritzen.

4 Macaron-Hälften 30 Minuten trocknen lassen und dann bei 155 °C Ober-/Unterhitze auf mittlere Ebene ca. 12-14 Minuten im vorgeheizten Ofen backen. Danach 15 Minuten erkalten lassen.

5 Creme auf die Hälfte der Schalen streichen und die Macarons fertig zusammensetzen. Macarons luftdicht verpacken und über Nacht kühl stellen.

JOHANNISBEEREN-MACARONS

30 Stk.

1 Std. 10 Min.

Mittel

Zutaten

Für das Gelee:
95 g Gelierzucker, 2:1
235 g rote Johannisbeeren

Für die Macaron-Hälften:
170 g Puderzucker
190 g gemahlene, blanchierte Mandeln
45 ml Wasser
140 g Eiweiß
1 Msp. rote Lebensmittelfarbe

Für die Ganache:
45 ml Schlagsahne
190 g gehackte weiße Kuvertüre

Nährwerte p. S.

123 kcal
13 g Kohlenhydrate
7 g Fett
3 g Eiweiß

1 Für das Gelee Beeren im Topf erhitzen, bis die Schale aufplatzt. Dann sieben und den Saft auffangen. Es sollten mindestens 140 ml Saft übrigbleiben. 95 ml des Saftes nach Anleitung mit dem Gelierzucker kochen und in eine Schale zum Erkalten geben.

2 Für die Macaron-Schalen Mandeln und Puderzucker zusammen im Mixer mahlen.

3 Wasser und Zucker in einem kleinen Topf aufkochen, dabei immer wieder durchrühren. Sobald 115 °C erreicht sind, 75 g vom Eiweiß steif schlagen. Bei 119 °C Topf von der Platte nehmen und Zuckerwasser sofort zu dem Eiweiß geben, dabei weiterschlagen. Lebensmittelfarbe zugeben, wenn die Masse etwas abgekühlt ist

4 Übriges Eiweiß mit der Mandelmischung vermengen. Einen kleinen Teil der Zucker-Eiweiß-Mischung zu der Mandelmischung geben und dann portionsweise den Rest ebenfalls untermengen.

5 Masse in einen Spritzbeutel geben und kleine Kleckse auf ein mit Backpapier belegtes Backblech spritzen. Ein paarmal kräftig von unten gegen das Blech schlagen.

6 Macaron-Hälften bei 165 °C Umluft im vorgeheizten Ofen für 10 Minuten backen, dabei nach der Hälfte der Zeit das Blech umdrehen. Danach abkühlen lassen.

7 Währenddessen Kuvertüre hacken und Sahne im Topf aufkochen. Heiße Sahne auf die Kuvertüre gießen und so lange rühren, bis die Kuvertüre geschmolzen ist. 45 ml des Johannisbeersaftes unterrühren und Ganache in einem Spritzbeutel eine Weile abkühlen lassen.

8 Johannisbeergelee in flache kleine Quadrate schneiden (ca. 1 x 1 cm mit 0,5 cm Dicke). Die Hälfte der Macaron-Hälften etwas eindrücken und das zurechtgeschnittene Gelee darauflegen. Um das Quadrat herum etwas von der Ganache spritzen und die übrigen Macaron-Hälften aufsetzen, dabei leicht andrücken.

MACARONS MIT BLAUBEERCREME-FÜLLUNG

18 Stk.

1 Std. 45 Min.

Leicht

Zutaten

Für die Macaron-Hälften:
45 g Mandeln
18 g Zucker
70 g Puderzucker
1 Prise Salz
1 Eiweiß
1 Msp. Backpulver
Jeweils 4 Tropfen rote und blaue Lebensmittelfarbe

Für die Creme:
1 EL Zucker
140 g Blaubeeren
45 g Mascarpone
45 g Quark

Nährwerte p. S.

59 kcal
8 g Kohlenhydrate
3 g Fett
1 g Eiweiß

1 Mandeln schälen und im Mixer mahlen. Zusammen mit dem Puderzucker nochmals mahlen. Backpulver untermengen und Eiweiß mit dem Salz steif schlagen, dabei 18 g Zucker unterschlagen. Lebensmittelfarbe ebenfalls zugeben.

2 Mandelmischung unter das Eiweiß heben und in einen Spritzbeutel füllen. Auf ein mit Backpapier ausgelegtes Blech kleine Kreise spritzen und diese 30 Minuten trocknen lassen. Macaron-Hälften bei 145 °C Ober-/Unterhitze ca. 10-12 Minuten im vorgeheizten Ofen backen. Anschließend abkühlen lassen.

3 Beeren säubern und abtupfen. Mascarpone, übrigen Zucker und Quark vermengen.

4 Fast alles der Creme auf die Hälfte der Macaron-Schalen streichen und mit fast allen Blaubeeren belegen. Darauf die Deckel setzen. Den Rest der Creme in Tupfern auf die Deckel geben und je eine Beere daraufsetzen.

LILA MACARONS MIT CASSISMARMELADE

25 Stk.

1 Std. 20 Min.

Leicht

Zutaten

Für die Macaron-Hälften:
95 g geschälte Mandeln
140 g Puderzucker, davon 3 EL zur Seite gestellt
1 ½ EL Aroniabeerenpulver
2 Eiweiß
½ EL Backkakao
1 Prise Salz
2 Msp. Backpulver

Für die Creme:
2 TL Puderzucker
3 EL Cassismarmelade
95 g Mascarpone

Außerdem:
Etwas Aroniabeerenpulver für die Dekoration

Nährwerte p. S.

70 kcal
8 g Kohlenhydrate
4 g Fett
1 g Eiweiß

1 Mandeln, Beerenpulver, 140 g Puderzucker, Backpulver und Kakao im Mixer fein mahlen. Eiweiß mit Salz steif schlagen, dabei den zur Seite gestellten Puderzucker hinzugeben und weiterschlagen, bis fester Eischnee entstanden ist. Mandelmischung zu dem Eischnee sieben und unterheben. Masse in einen Spritzbeutel geben und kleine Häufchen auf ein mit Backpapier ausgelegtes Blech spritzen. Bei 130 °C Heißluft im vorgeheizten Ofen ca. 17-19 Minuten backen. Anschließend herausnehmen und erkalten lassen.

2 Den übrigen Puderzucker, Mascarpone und Marmelade verrühren. Creme in einen Spritzbeutel geben und auf die Hälfte der Macarons spritzen. Deckel draufsetzen und Macarons mit etwas Aroniabeerenpulver bestäuben.

Tipp: Aroniabeerenpulver finden Sie in Reformhäusern.

HIMBEER-MACARONS MIT PISTAZIE

35 Stk.

2 Std.
15 Min.

Mittel

Zutaten

Für die Macaron-Hälften:
140 g Puderzucker
35 ml Wasser
140 g Zucker
2x 50 g Eiweiß
1 Prise Salz
140 g gemahlene, blanchierte Mandeln
Etwas rote Lebensmittelfarbe

Für die Creme:
75 g Puderzucker
170 g weiche Butter
110 g Himbeeren

Für die Füllung und die Dekoration:
26 frische Himbeeren
18 g gehackte Pistazien
Etwas metallicfarbene Lebensmittelfarbe und rosa Zuckerstreusel

Nährwerte p. S.

104 kcal
11 g Kohlenhydrate
6 g Fett
1 g Eiweiß

1 Puderzucker mit den Mandeln mischen und im Mixer fein mahlen. Danach sieben. 50 g Eiweiß mit dem Salz steif schlagen. Zucker und Wasser in einen Topf geben, auf 118 °C erhitzen und sofort langsam unter den Eischnee geben. Weiterschlagen, bis die Masse lauwarm ist. Dabei Lebensmittelfarbe zugeben. Übriges Eiweiß mit der Mandelmischung vermengen und die Masse in einen Spritzbeutel füllen. Auf eine Macaron-Silikonmatte oder ein mit Backpapier belegtes Blech kleine gleichmäßige Kreise spritzen.

2 Macaron-Hälften 10-15 Minuten trocknen lassen und dann bei 115 °C Umluft ca. 15 Minuten im vorgeheizten Ofen backen. Anschließend abkühlen lassen.

3 Himbeeren im Mixer pürieren. Butter und Puderzucker einige Minuten aufschlagen. Püree zugeben, Masse in einen Spritzbeutel geben und 30 Minuten kühl stellen.

4 Auf die Hälfte der Macaron-Hälften je eine Himbeere platzieren. Himbeer-Creme um die Himbeere herum aufspritzen und ein paar der gehackten Pistazien darüberstreuen. Die übrigen Macaron-Schalen aufsetzen und leicht andrücken. Den Deckel mit etwas Metallicfarbe besprenkeln und mit Zuckerstreuseln bestreuen.

ERDBEER-MACARONS MIT JOGHURT

14 Stk. | 2 Std. 45 Min. | Leicht

Zutaten

Für die Macaron-Hälften:
55 g gemahlene Mandeln
55 g Puderzucker
14 g Zucker
1 Eiweiß
Etwas rote Lebensmittelfarbe (Paste oder Pulver)

Für die Ganache:
130 g weiße Kuvertüre
38 g Erdbeeren
28 g Naturjoghurt (3,5 % Fett)

Außerdem:
1 EL rosa Zuckerstreusel für die Dekoration

Nährwerte p. S.

106 kcal
11 g Kohlenhydrate
6 g Fett
2 g Eiweiß

1 Kuvertüre hacken. Erdbeeren und Joghurt im Topf pürieren und dann bei normaler Hitze erhitzen, dabei ständig rühren. Topf kurz vor dem Kochen von der Platte nehmen. Kuvertüre unterrühren. Ganache in eine Schale geben, mit Frischhaltefolie abdecken und 60 Minuten kühl stellen.

2 Währenddessen Mandeln und Puderzucker mischen und fein pürieren. Eiweiß aufschlagen und Zucker einrieseln lassen, bis fester Eischnee entstanden ist. Lebensmittelfarbe zugeben und Eiweiß kurz weiterschlagen.

3 Eischnee mit einem Teigschaber unter die Mandelmischung heben und Masse in einen Spritzbeutel geben. Auf ein mit Backpapier belegtes Blech kleine Taler spritzen und diese 30 Minuten trocknen lassen.

4 Macaron-Hälften bei 175 °C Ober-/Unterhitze im vorgeheizten Ofen für 12 Minuten auf mittlerer Ebene backen. Anschließend 20 Minuten abkühlen.

5 Auf die Hälfte der Macaron-Schalen etwa 1 TL der Ganache geben. Die übrige Füllung wird später noch gebraucht. Deckel aufsetzen und Macarons 30 Minuten kühl stellen.

6 Übrige Füllung über dem Wasserbad etwas erwärmen und in einen Spritzbeutel geben. Mit der Creme verzieren und mit etwas Zuckerstreuseln bestreuen. Zum Schluss die Macarons weitere 30 Minuten kühl stellen.

Fruchtige Macarons

KIRSCH-MACARONS

12 Stk.

2 Std.
15 Min.

Leicht

Zutaten

Für die Macaron-Hälften:
75 g fein gemahlene Mandeln
2 Eiweiß
18 g Zucker
140 g Puderzucker

Für die Füllung:
1 EL Puderzucker
55 g Kirschen
28 g Butter
23 g Kirschmarmelade
55 g Frischkäse

Nährwerte p. S.

131 kcal
15 g Kohlenhydrate
7 g Fett
3 g Eiweiß

1 Mandeln und Puderzucker vermengen. Eiweiß aufschlagen und dabei den Zucker zugeben. Mandelmischung portionsweise unterheben. Masse in einen Spritzbeutel füllen und auf eine Backmatte oder ein mit Backpapier ausgelegtes Backblech kleine Kleckse spritzen.

2 Macaron-Hälften 25 Minuten beiseitestellen und anschließend bei 140 °C Umluft im vorgeheizten Ofen 13-15 Minuten backen. Danach abkühlen lassen.

3 Für die Füllung Kirschen säubern, entkernen und mit der Marmelade pürieren. Frischkäse untermengen. Puderzucker und Butter aufschlagen und mit der Kirschmasse mischen. Füllung in einen Spritzbeutel geben und auf die Hälfte der Macaron-Hälften spritzen. Die übrigen Hälften aufsetzen und für 60 Minuten in den Kühlschrank stellen.

KIWI-MACARONS

35 Stk. 1 Tag Mittel

Zutaten

Für die Macaron-Hälften:
2 x 50 g Eiweiß (2 Tage alt)
140 g Puderzucker
140 g gemahlene blanchierte Mandeln
140 g Zucker
48 g Wasser

Für die Ganache:
195 g weiße Schokolade
85 g pürierte Kiwi

Nährwerte p. S.

91 kcal
12 g Kohlenhydrate
4 g Fett
2 g Eiweiß

1 Mandeln mit Puderzucker vermengen und sieben. Zucker und Wasser im Topf auf 115 °C erhitzen und nebenbei die Hälfte des Eiweißes beginnen, aufzuschlagen. Sobald das Zuckerwasser auf 100 °C abgekühlt ist, langsam zu dem Eiweiß geben und so lange schlagen, bis die Masse nur noch lauwarm ist.

2 Übriges Eiweiß, Mandelmischung und Eiweiß-Zucker-Masse vorsichtig vermengen und anschließend in einen Spritzsack füllen. Kleine Kreise auf ein mit Backpapier ausgelegtes Blech spritzen und diese dann bei 150 °C Umluft im vorgeheizten Ofen 14-16 Minuten backen.

3 Währenddessen Schokolade im Wasserbad schmelzen und mit der Kiwi verrühren. Ganache in einen Spritzsack geben und 2 Stunden kühl stellen.

4 Ganache auf die Hälfte der Macaron-Schalen spritzen und die übrigen Hälften aufsetzen und etwas andrücken. Macarons luftdicht verschließen, kühl stellen und am nächsten Tag genießen.

Tipp: Sie können die gemahlenen Mandeln zuvor 8 Minuten im vorgeheizten Ofen bei 150 °C Umluft anrösten. Auf diese Weise verstärkt sich der Geschmack. Lassen Sie die Mandeln vor Beginn der Zubereitung aber vollständig abkühlen.

FEIGEN-MACARONS

12 Stk. | 1 Tag | Leicht

Zutaten

Für die Macaron-Hälften:
45 g Puderzucker
45 g gemahlene, blanchierte Mandeln
12 g Zucker
28 g Eiweiß (3-4 Tage alt)
Etwas lila Lebensmittelfarbe

Für die Marmelade:
110 g Feigen (aus der Dose)
1 EL Zitronensaft
45 g Gelierzucker, 2:1

Nährwerte p. S.

80 kcal
13 g Kohlenhydrate
2 g Fett
1 g Eiweiß

1 Feigen abtropfen und pürieren. Mit Gelierzucker und Zitronensaft im Topf zum Kochen bringen und 3 Minuten kochen lassen. Masse drei Stunden kühl stellen.

2 Puderzucker und Mandeln im Mixer fein mahlen. Eiweiß halb steif schlagen, dann den Zucker langsam zugeben und 6-7 Minuten weiterschlagen. Dabei etwas Lebensmittelfarbe unterrühren. Eischnee unter die Mandelmischung heben. Masse in einen Spritzbeutel geben und auf ein mit Backpapier belegtes Blech kleine Tupfer spritzen. Diese 30 Minuten beiseitestellen.

3 Macaron-Hälften bei 155 °C Ober-/Unterhitze im vorgeheizten Ofen auf mittlerer Ebene ca. 12 Minuten backen. Dann 15 Minuten erkalten lassen.

4 Marmelade auf die Hälfte der Macaron-Schalen geben, übrige Schalen draufsetzen und in einer luftdichten Box über Nacht kühl stellen.

WASSERMELONEN-MACARONS

28 Stk.

4 Std.
25 Min.

Leicht

Zutaten

Für die Macaron-Hälften:
110 g + 45 g Puderzucker
2 Eiweiß
½ EL schwarze Sesamsamen
1 Prise Salz
90 g Mandelblättchen
Etwas grüne und rote Lebensmittelfarbe
2 Msp. Backpulver

Für die Füllung:
45 g Kokosfett
90 g Wassermelone
90 g gehackte weiße Schokolade
45g Puderzucker
45 g weiche Butter
2 TL Vanillepaste
Etwas orange Lebensmittelfarbe

Nährwerte p. S.

94 kcal
12 g Kohlenhydrate
5 g Fett
1 g Eiweiß

1 Mandeln, 110 g Puderzucker und Backpulver im Mixer mahlen. Eiweiß und Salz zusammen aufschlagen, den übrigen Puderzucker zugeben und steif schlagen. Mandelmischung darüber sieben und unterheben. Eine Hälfte der Masse grün, die andere rot einfärben. Massen in Spritzbeutel füllen und auf ein mit Backpapier ausgelegtes Blech kleine Kleckse spritzen. Mit einer Pinzette ein paar Sesamsamen auf die Kleckse setzen.

2 Macaron-Hälften 18 Minuten bei 150 °C Ober-/Unterhitze im vorgeheizten Ofen auf mittlerer Ebene backen und danach abkühlen lassen.

3 Für die Füllung Wassermelone pürieren und sieben. Den Saft auffangen. Schokolade und Kokosfett im Wasserbad schmelzen, aber darauf achten, dass die Masse nur warm und nicht heiß wird. In eine Schüssel umfüllen, Puderzucker, Vanillepaste und Butter zugeben und alles aufschlagen. Melonensaft unterrühren und die Masse orange einfärben.

4 Creme in einen Spritzbeutel füllen und auf die Hälfte der Macaron-Schalen spritzen. Die übrigen Macarons aufsetzen und mindestens 3 Stunden in den Kühlschrank stellen.

MACARONS MIT APRIKOSENFÜLLUNG

20 Stk.

1 Tag

Mittel

Zutaten

Für die Macaron-Hälften:
95 g Mandeln
28 g Wasser
2x 35 g Eiweiß
95 g Puderzucker
95 g Zucker
Etwas orange Lebensmittelfarbe

Für die Füllung:
40 g Wasser
1 Vanilleschote
45 g Zucker
2 TL Zitronensaft
70 g Gelierzucker, 2:1
135 g Aprikosen

Nährwerte p. S.

94 kcal
16 g Kohlenhydrate
3 g Fett
1 g Eiweiß

1 Mandeln im Mixer mahlen und sieben. Puderzucker dazusieben und mit 35 g Eiweiß und etwas Lebensmittelfarbe vermengen.

2 Zucker und Wasser im Topf aufkochen und bei 114 °C das übrige Eiweiß steif schlagen. Sobald die Mischung auf 118 °C erhitzt wurde, Topf von der Platte nehmen und in einem feinen Strahl in das Eiweiß rühren, bis die Masse nur noch lauwarm ist. Eischnee portionsweise unter die Mandelmischung heben und die Masse in einen Spritzbeutel füllen.

3 Auf ein mit Backpapier belegtes Backblech kleine Kreise spritzen. Diese 30 Minuten trocknen lassen und anschließend bei 160 °C Ober-/Unterhitze ca. 12 Minuten im vorgeheizten Ofen backen und danach abkühlen lassen.

4 Währenddessen für die Füllung Aprikosen kalt abwaschen, entkernen und vierteln. Wasser mit dem Vanillemark aus der Vanilleschote, dem Zitronensaft und dem Zucker im Topf zum Kochen bringen. Aprikosenstücke zugeben und die Mischung gut pürieren. Püree durch ein Sieb streichen, zurück in den Topf geben und erneut zum Kochen bringen. Gelierzucker langsam unterrühren und die Masse unter ständigem Rühren 5 Minuten köcheln lassen. Danach sofort mit Frischhaltefolie abdecken und zwei Stunden abkühlen lassen.

5 Füllung in einen Spritzbeutel füllen und auf die Hälfte der Macaron-Schalen spritzen. Die übrigen Schalen aufsetzen und Macarons über Nacht kühl stellen.

MACARONS IN MARMOROPTIK MIT KIRSCHMARMELADE

12 Stk.

1 Tag

Leicht

Zutaten

Für die Macaron-Hälften:
45 g gemahlene, blanchierte Mandeln
12 g Zucker
45 g Puderzucker
28 g Eiweiß (3-4 Tage alt)
Etwas rote Lebensmittelfarbe

Für die Füllung:
140 g Süßkirschen
½ EL Zitronensaft
55 g Gelierzucker, 2:1

Nährwerte p. S.

69 kcal
11 g Kohlenhydrate
2 g Fett
1 g Eiweiß

1 Kirschen säubern, Kerne entfernen und pürieren. Zusammen mit Zitronensaft und Gelierzucker im Topf aufkochen und 5 Minuten köcheln lassen. Anschließend mit Frischhaltefolie abdecken und zwei Stunden abkühlen lassen.

2 Puderzucker und Mandeln fein mixen und sieben. Eiweiß aufschlagen und dabei den Zucker und die Lebensmittelfarbe zugeben. Ungefähr 8 Minuten schlagen, bis sehr fester Eischnee entstanden ist. Beide Mischungen abwechselnd in einen Spritzbeutel füllen.

3 Auf ein mit Backpapier ausgelegtes Blech kleine Taler spritzen und diese 30 Minuten ruhen lassen.

4 Macaron-Hälften bei 160 °C Ober-/Unterhitze im vorgeheizten Ofen ca. 12 Minuten backen und danach 10 Minuten erkalten lassen.

5 Konfitüre auf die Hälfte der Macaron-Hälften streichen und die übrigen Hälften aufsetzen. Macarons luftdicht verschließen und über Nacht in den Kühlschrank stellen.

MACARONS MIT SANDDORNMARMELADE

30 Stk.

1 Std. 45 Min.

Leicht

Zutaten

Für die Macaron-Hälften:
110 g gemahlene, geschälte Mandeln
3 Eiweiß
210 g Puderzucker
45 g Zucker
Etwas orange Lebensmittelfarbe (Pulver)

Für die Füllung:
95 g Crème fraîche
95 g Schlagsahne
½ EL Vanillezucker
23 g Sanddornmarmelade

Nährwerte p. S.

81 kcal
10 g Kohlenhydrate
4 g Fett
1 g Eiweiß

1 Mandeln und 190 g Puderzucker vermengen und sieben. Eiweiß steif schlagen und dabei den Zucker nach und nach zugeben. Mandelmischung unterheben und Lebensmittelfarbe zugeben.

2 Masse in einen Spritzbeutel geben und kleine Kleckse auf ein mit Backpapier ausgelegtes Backblech setzen.

3 Diese 30 Minuten trocknen lassen und dann bei 125 °C Umluft im vorgeheizten Ofen ca. 12 Minuten backen. Danach abkühlen lassen.

4 Marmelade, Crème fraîche, Vanillezucker und übrigen Puderzucker verrühren. Sahne steif schlagen und unterheben.

5 Creme in einen Spritzbeutel füllen und auf die Unterseiten der Macaron-Hälften spritzen. Die übrigen Hälften draufsetzen.

MACARONS MIT RHABARBER-FÜLLUNG

12 Stk.

7 Std. 10 Min.

Leicht

Zutaten

Für die Macaron-Hälften:
40 g gemahlene, blanchierte Mandeln
70 g Puderzucker
1 Eiweiß
8 g Zucker
1 Msp. gelbe Lebensmittelfarbe (als Pulver)

Für die Ganache:
45 g weiße Schokolade
25 g Rhabarber
10 g Schlagsahne

Nährwerte p. S.

72 kcal
9 g Kohlenhydrate
4 g Fett
1 g Eiweiß

1 Puderzucker mit den Mandeln mixen und anschließend sieben. Eiweiß aufschlagen und dabei Zucker und Lebensmittelfarbe zugeben, bis fester Eischnee entstanden ist. Mandelmischung unter das Eiweiß heben und Masse in einen Spritzbeutel umfüllen.

2 Auf ein mit Backpapier ausgelegtes Backblech kleine Taler setzen und diese 25 Minuten beiseitestellen. Macaron-Hälften bei 140 °C Ober-/Unterhitze ca. 13-15 Minuten im vorgeheizten Ofen backen. Danach abkühlen lassen.

3 Währenddessen Schokolade schmelzen, Sahne im Topf erwärmen und mit der Schokolade vermengen. Rhabarber auch kurz aufkochen und pürieren. Unter die Schokomasse rühren und Ganache für drei Stunden kühl stellen.

4 Ganache auf die Hälfte der Macaron-Schalen streichen, Deckel draufsetzen und die fertigen Macarons weitere drei Stunden kühl stellen.

MANGO-KOKOS-MACARONS

40 Stk. 1 Tag Mittel

Zutaten

Für die Macaron-Hälften:
260 g gemahlene, blanchierte Mandeln
200 g Zucker
240 g Puderzucker
6 Eiweiß
Etwas orange Lebensmittelfarbe
Ein paar Kokosflocken

Für die Ganache:
45 g Kokosflocken
380 g weiße Schokolade
120 ml Schlagsahne

Für das Mango-Gelee:
3 g Agar-Agar (pflanzliches Geliermittel)
230 g Mango (ohne Schale und Kern)
Saft einer halben Zitrone
2 TL Zucker

Nährwerte p. S.

157 kcal
18 g Kohlenhydrate
8 g Fett
3 g Eiweiß

1 Für das Mango-Gelee Mango fein pürieren und mit den übrigen Zutaten im Topf kurz kochen lassen. Dann in ein rechteckiges Gefäß füllen, bei dem die Masse 0,5 cm hoch ist. Über Nacht kühl stellen.

2 Für die Ganache Schokolade hacken und im Wasserbad schmelzen. Sahne im Topf erwärmen und zu der Schokolade geben. Gut verrühren und über Nacht abgedeckt bei Raumtemperatur stehen lassen.

3 Am nächsten Tag Kokosflocken auf ein Blech geben und bei 175 °C Ober-/Unterhitze im vorgeheizten Ofen 3 Minuten rösten und anschließend abkühlen lassen.

4 Für die Macaron-Hälften Puderzucker und Mandeln mischen, im Mixer mahlen und sieben. Eiweiß aufschlagen, 1/3 des Zuckers zugeben, eine Minute weiterschlagen und mit dem zweiten und dritten Teil des Zuckers genauso verfahren.

5 Mandelmischung unter das Eiweiß heben und die Masse auf zwei Schalen verteilen. Eine Hälfte einfärben und beide Massen in Spritzbeutel füllen. Jeweils kleine Kreise auf eine Backmatte oder ein mit Backpapier ausgelegtes Blech spritzen. Die ungefärbten Kreise mit ein paar Kokosflocken bestreuen.

6 Macaron-Hälften 25 Minuten trocknen lassen, dann bei 150 °C Umluft im vorgeheizten Ofen 12-14 Minuten backen. Nach dem Backen abkühlen lassen.

7 Ganache kurz aufschlagen, auf zwei Schalen verteilen und in eine Schale die Kokosflocken geben. Mango-Gelee in 1 x 1 cm große Würfel schneiden und aus der Form stürzen.

8 Ganache ohne Kokosflocken in einen Spritzbeutel geben und etwas Creme auf die eingefärbten Macaron-Hälften spritzen. Darauf einen Würfel des Mango-Gelees setzen und leicht hineindrücken. Eine eingefärbte Macaron-Hälfte als Deckel draufsetzen. So mit den anderen orange eingefärbten Macaron-Hälften verfahren.

9 Bei den ungefärbten Macaron-Hälften die Kokos-Ganache verwenden und ansonsten genauso zusammensetzen.

MACARONS MIT ANANASCREME

12 Stk. 1 Tag Mittel

Zutaten

Für die Macaron-Hälften:
45 g Puderzucker
45 g gemahlene, blanchierte Mandeln
12 g Zucker
28 g Eiweiß (3-4 Tage alt)
Etwas gelbe Lebensmittelfarbe

Für die Füllung:
75 g weiße Kuvertüre
45 g Schlagsahne
13 g Kokosraspel
4 g Zucker
95 g Ananas
1 Eigelb

Nährwerte p. S.

107 kcal
10 g Kohlenhydrate
6 g Fett
2 g Eiweiß

1 Kuvertüre hacken und im Wasserbad schmelzen. Ananas stückeln und pürieren. 75 g des Pürees (Rest anderweitig verwenden) im Topf zum Kochen bringen, dann vom Herd nehmen.

2 Zucker und Eigelb verrühren und Püree nach und nach unterrühren. Masse im Wasserbad auf ca. 80 °C erhitzen, dann aus dem Wasserbad nehmen und mit der Kuvertüre mischen. Kokosraspel zufügen und alles 20 Minuten erkalten lassen.

3 Sahne steif schlagen und mit der Ananasmasse in zwei Portionen vermengen. Füllung über Nacht kühl stellen.

4 Für die Macaron-Hälften Puderzucker und Mandeln im Mixer mahlen und sieben. Eiweiß aufschlagen und den Zucker langsam zugeben. In ca. 6-8 Minuten zu festem Eischnee verarbeiten und etwas Lebensmittelfarbe unterschlagen. Eischnee unter die Mandelmischung heben und in einen Spritzbeutel umfüllen.

5 Auf eine Macaron-Silikonmatte oder ein mit Backpapier belegtes Backblech kleine Tupfer spritzen und diese anschließend 25 Minuten beiseitestellen.

6 Macaron-Hälften bei 160 °C Ober-/Unterhitze auf mittlerer Ebene für 12 Minuten im vorgeheizten Ofen backen. Danach 15 Minuten erkalten lassen.

7 Füllung auf die Hälfte der Macaron-Schalen geben, Deckel draufsetzen, leicht andrücken und in einer luftdichten Box über Nacht in den Kühlschrank stellen.

Nussmacarons

MANDEL-MACARONS MIT WEIẞER SCHOKO-GANACHE

30 Stk.

1 Std. 40 Min.

Leicht

Zutaten

Für die Macaron-Hälften:
130 g gehobelte Mandeln
190 g Puderzucker
3 Eiweiß
50 g Zucker
Etwas braune Lebensmittelfarbe

Für die Ganache:
150 g weiße Kuvertüre
55 ml Schlagsahne

Nährwerte p. S.

94 kcal
11 g Kohlenhydrate
5 g Fett
2 g Eiweiß

1 Mandeln sieben und mit dem Puderzucker mischen. Eiweiß schaumig schlagen, Zucker dabei zugeben und steif schlagen. Lebensmittelfarbe ebenfalls unterrühren. Mandelmischung unter das Eiweiß heben.

2 Masse in einen Spritzbeutel füllen und auf ein mit Backpapier belegtes Blech klein Kreise spritzen. Diese 30 Minuten trocknen lassen und dann bei 150 °C Ober-/Unterhitze ca. 15 Minuten backen.

3 Währenddessen Sahne im Topf zum Kochen bringen, Kuvertüre hacken und die heiße Sahne darüber geben. Verrühren, bis die Kuvertüre vollständig geschmolzen ist. Masse eine Weile abkühlen lassen.

4 Ganache auf die Hälfte der abgekühlten Macaron-Hälften streichen, die übrigen Hälften aufsetzen und genießen.

HASELNUSSMACARONS MIT HIMBEERCREME

30 Stk.

1,5 Std.

Leicht

Zutaten

Für die Macaron-Hälften:
110 g gemahlene Haselnüsse
3 Eiweiß
190 g Puderzucker
28 g Zucker
1 Prise Salz

Für die Creme:
45 g Himbeeren
2 Pck. Vanillezucker
95 g Puderzucker
95 g Frischkäse
4 Blatt Gelatine

Nährwerte p. S.

82 kcal
12 g Kohlenhydrate
3 g Fett
1 g Eiweiß

1 Eiweiß und Salz steif schlagen, dabei den Zucker unterrühren. Nüsse und Puderzucker mischen, sieben und unter den Eischnee heben.

2 Masse in einen Spritzbeutel geben und kleine Kreise auf ein mit Backpapier belegtes Blech spritzen. Macaron-Hälften 15 Minuten ruhen lassen und dann bei 155 °C Ober-/Unterhitze im vorgeheizten Ofen 13-15 Minuten backen.

3 In der Zwischenzeit für die Creme Vanillezucker mit den Himbeeren im Topf zum Kochen bringen und Gelatine darin auflösen. Die übrigen Zutaten zugeben und die Masse eine Weile ins Gefrierfach stellen, bis sie streichfest ist.

4 Macaron-Schalen zur Hälfte mit der Creme bestreichen und die übrigen Schalen draufsetzen.

ERDNUSS-MACARONS

12 Stk. 1 Tag Leicht

Zutaten

Für die Macaron-Hälften:
48 g Erdnüsse
12 g Zucker
28 g Eiweiß
45 g Puderzucker

Für die Füllung:
1 Prise Salz
65 ml Vollmilch
45 g Vollmilchkuvertüre
45 g Zucker
45 g Schlagsahne

Nährwerte p. S.

101 kcal
12 g Kohlenhydrate
5 g Fett
2 g Eiweiß

1 Kuvertüre hacken und im Wasserbad schmelzen. Zucker im Topf zum Schmelzen bringen, dann Milch zugeben und das Salz unterrühren. So lange rühren, bis das Karamell aufgelöst ist. Karamellmilch zur Kuvertüre geben und vermengen. Masse ca. 10 Minuten erkalten lassen.

2 Sahne steif schlagen. Sahne in zwei Portionen unter die Karamellmasse heben und die Füllung über Nacht in den Kühlschrank stellen.

3 Erdnüsse mit Puderzucker im Mixer mahlen und in eine Schale sieben. Eiweiß aufschlagen, den Zucker langsam zugeben und in 6 Minuten steif schlagen. Eischnee unter die Nussmischung heben. Masse in einen Spritzbeutel füllen und auf ein Blech, das mit Backpapier ausgelegt ist, kleine, gleichmäßige Tupfer spritzen.

4 Macaron-Schalen 30 Minuten beiseitestellen, dann im vorgeheizten Ofen auf mittlerer Ebene bei 160 °C Ober-/Unterhitze ungefähr 12 Minuten backen. Anschließend 10 Minuten abkühlen lassen.

5 Füllung auf die Hälfte der Schalen spritzen, Deckel draufsetzen und Macarons über Nacht in einer luftdichten Box kühl stellen.

MANDEL-SPEKULATIUS-MACARONS

20 Stk.

1 Std.
45 Min.

Leicht

Zutaten

Für die Macaron-Hälften:
3 Eiweiß
95 g geschälte, gemahlene Mandeln
23 g Gewürzspekulatius
200 g Puderzucker

Für die Creme:
95 g weiche Butter
2 EL Nutella

Nährwerte p. S.

120 kcal
12 g Kohlenhydrate
7 g Fett
2 g Eiweiß

1 Spekulatius in eine Plastiktüte geben und mit einem Nudelholz zerkleinern. Mandeln und Puderzucker mischen und durch ein Sieb geben. Eiweiß steif schlagen und nach und nach unter die Mandelmischung heben. Die Hälfte des Spekulatius untermengen.

2 Masse in einen Spritzbeutel geben und auf eine Macaronmatte oder ein mit Backpapier ausgelegtes Backblech kleine Kreise setzen. Fast alle der übrigen Spekulatiusbrösel auf die Hälfte der Macaron-Schalen streuen.

3 Macaron-Schalen 30 Minuten trocknen lassen und danach bei 160 °C Ober-/Unterhitze im vorgeheizten Ofen 12 Minuten backen und anschließend abkühlen lassen.

4 Butter und Nutella verrühren und die letzten Brösel zugeben. Masse in einen Spritzbeutel geben und die Creme auf die Hälften ohne Brösel streichen. Dann die Hälften mit den Bröseln aufsetzen und die Macarons genießen.

WALNUSS-MACARONS

35 Stk.

1 Tag

Mittel

Zutaten

Für die Nusspaste:
140 g Walnüsse
70 g Eiweiß
190 g Puderzucker
45 g gemahlene Mandeln

Für die Meringue:
190 g Zucker
1 TL Kaffee-Extrakt
70 g Eiweiß
45 ml Wasser

Nährwerte p. S.

78 kcal
11 g Kohlenhydrate
3 g Fett
1 g Eiweiß

1 Für die Nusspaste Walnüsse im Mixer mahlen, mit Puderzucker und Mandeln mischen und erneut mahlen. Anschließend sieben. Eiweiß zugeben, aber noch nicht unterheben.

2 Für die Meringue Zucker und Wasser in einen Topf geben und auf 118 °C erhitzen. Dann auf 115 °C abkühlen lassen und sofort das Eiweiß steif schlagen. Sirup in einem feinen Strahl zum Eiweiß geben und einige Minuten weiterschlagen, bis die Masse lauwarm ist. Kaffeeextrakt hinzugeben.

3 Eiweiß in die Nussmischung einarbeiten, sodass eine Paste entsteht. Meringue in zwei Portionen unter die Nusspaste heben. Masse in einen Spritzbeutel füllen und gleichmäßige Tupfer auf ein mit Backpapier ausgelegtes Backblech spritzen.

4 Macaron-Schalen 30 Minuten trocknen lassen und dann bei 140 °C Umluft im vorgeheizten Ofen 13-15 Minuten backen. Anschließend abkühlen lassen.

5 Die Hälfte der Macaron-Schalen mit der Creme bespritzen, die übrigen Schalen draufsetzen und die fertigen Macarons für 24 Stunden – luftdicht verschlossen – in den Kühlschrank stellen.

KAFFEE-HASELNUSS-MACARONS

12 Stk.

1 Std.
45 Min.

Leicht

Zutaten

Für die Macaron-Hälften:
1 EL Backkakao
30 g gemahlene Haselnüsse
4 g Zucker
55 g Puderzucker
30 g Eiweiß

Für die Ganache:
95 g Zartbitterschokolade
3 TL frisch gebrühter Espresso
75 ml Schlagsahne

Nährwerte p. S.

101 kcal
10 g Kohlenhydrate
6 g Fett
1 g Eiweiß

1 Haselnüsse und Puderzucker vermengen, im Mixer mahlen und durch ein Sieb geben. Eiweiß aufschlagen, Zucker einrieseln lassen und zu festem Eischnee verarbeiten. Nussmischung unter den Eischnee heben und die Masse in einen Spritzbeutel füllen.

2 Auf ein mit Backpapier ausgelegtes Blech kleine Taler spritzen. Mit etwas Kakao bestreuen und 30 Minuten ruhen lassen.

3 Macaron-Schalen bei 150 °C Ober-/Unterhitze im vorgeheizten Ofen ca. 13 Minuten backen.

4 Währenddessen für die Ganache Espresso und Sahne im Topf erwärmen und gehackte Schokolade zugeben. Rühren, bis die Schokolade geschmolzen ist, und die Masse dann 40 Minuten in den Kühlschrank stellen.

5 Ganache kurz aufschlagen, in einen Spritzbeutel füllen und auf die Hälfte der Macaron-Schalen geben. Die übrigen Schalen draufsetzen.

MANDEL-HIMBEER-MACARONS

30 Stk.

1 Std.
35 Min.

Leicht

Zutaten

Für die Macaron-Hälften:
120 g gemahlene Mandeln
2 Eiweiß
140 g Puderzucker
1 Prise Salz
Etwas rote Speisefarbe

Für die Füllung:
18 g Puderzucker
75 g Himbeermarmelade
115 g weiche Butter

Nährwerte p. S.

80 kcal
7 g Kohlenhydrate
5 g Fett
1 g Eiweiß

1 Mandeln im Mixer pürieren und sieben. Eiweiß und Salz steif schlagen und langsam 140 g Puderzucker unterschlagen. Mandeln unterheben und Masse einfärben.

2 Masse in einen Spritzbeutel füllen und auf ein mit Backpapier ausgelegtes Backblech kleine Taler spritzen. Diese 20 Minuten im vorgeheizten Ofen bei 75 °C Umluft auf mittlerer Ebene backen. Dann die Temperatur auf 175 °C erhöhen und Macaron-Hälften ca. 5 Minuten fertig backen. Danach abkühlen lassen.

3 Butter und übrigen Puderzucker 5 Minuten aufschlagen. Marmelade in Esslöffeln zugeben und weiterschlagen.

4 Füllung auf die Hälfte der Macaron-Schalen verteilen, Deckel draufsetzen und servieren.

HASELNUSS-NOUGAT-MACARONS

25 Stk.

3 Std. 25 Min.

Mittel

Zutaten

Für die Macaron-Hälften:
170 g Puderzucker
85 g Haselnüsse
1 Prise Salz
½ EL Backkakao
2 Eiweiß
Etwas Zuckercouleur (schwarze Lebensmittelfarbe)

Für die Füllung:
150 g Nougat (75 g hell und 75 g dunkel)

Nährwerte p. S.

76 kcal
11 g Kohlenhydrate
3 g Fett
1 g Eiweiß

1 Nüsse ohne Fett anrösten, bis sich die Schale ablöst. Dann in ein Küchentuch geben und aneinanderreiben, bis die Schale vollständig abgelöst ist. Nüsse abkühlen lassen. Nüsse und 48 g Puderzucker im Mixer mahlen. Eiweiß mit Salz sehr steif aufschlagen. Den übrigen Puderzucker und Kakao unterheben und Nussmischung ebenfalls dazugeben.

2 Masse in einen Spritzbeutel geben und kleine Tupfer auf eine Silikonmatte oder ein mit Backpapier belegtes Blech setzen. Zuckercouleur mithilfe eines Zahnstochers als kleine Tröpfchen in die Mitte der Macaron-Hälften geben und mit einem sauberen Zahnstocher leicht verziehen.

3 Macaron-Hälften 30 Minuten trocknen lassen, dann bei 100 °C Umluft im vorgeheizten Ofen ungefähr 35 Minuten backen. Nach 12 Minuten die Temperatur auf 80 °C reduzieren. Nach dem Backen die Macaron-Hälften gut abkühlen lassen.

4 Nougatsorten getrennt im warmen Wasserbad schmelzen, dabei gut rühren. Dann in den Kühlschrank stellen, bis der Nougat etwas fester geworden ist.

5 Nougat auf die Hälfte der Macaron-Schalen streichen und Deckel draufsetzen. So entstehen Macarons mit dunkler und heller Nougatfüllung.

6 Macarons 30 Minuten kühl stellen (nicht in den Kühlschrank, besser in den Keller).

Speziell & Traditionell

HONIG-ZIMT-MACARONS

20 Stk.

1 Std. 40 Min.

Leicht

Zutaten

Für die Macaron-Hälften:
55 g Eiweiß
110 g Puderzucker
1 Prise Salz
38 g Zucker
75 g gemahlene Mandeln

Für die Ganache:
½ EL Zimt
1 EL Honig
140 g Mascarpone

Nährwerte p. S.

88 kcal
9 g Kohlenhydrate
5 g Fett
2 g Eiweiß

1 Puderzucker mit den Mandeln mischen und fein mixen. Anschließend zweimal sieben. Eiweiß und Salz steif schlagen, dabei den Zucker zugeben. Mandelmischung nach und nach unter den Eischnee heben und in einen Spritzbeutel füllen.

2 Kleine Kleckse auf ein mit Backpapier belegtes Blech spritzen und diese 30 Minuten ruhen lassen.

3 Macaron-Schalen bei 140 °C Ober-/Unterhitze ca. 12-14 Minuten im vorgeheizten Ofen backen. Danach komplett abkühlen lassen.

4 Mascarpone für die Ganache mit Honig und Zimt vermengen und so lange kaltstellen, wie die Schalen zum Abkühlen brauchen.

5 Creme in einen Spritzbeutel füllen und auf die Hälfte der Macaron-Schalen geben. Deckel draufsetzen und genießen.

MATCHA-MACARONS

18 Stk.

1 Std. 40 Min.

Leicht

Zutaten

Für die Macaron-Hälften:
2 Eiweiß
110 g Puderzucker
85 g Zucker
1 EL Matcha-Pulver
65 g gemahlene, gesiebte Mandeln

Für die Creme:
45 g geschmolzene weiße Schokolade
90 g Frischkäse
3 EL Puderzucker
1 Schuss Vollmilch

Nährwerte p. S.

111 kcal
15 g Kohlenhydrate
5 g Fett
2 g Eiweiß

1 Eiweiß schaumig schlagen, dann den Zucker zugeben und Eiweiß sehr steif schlagen. Mandeln sieben und mit Matcha-Pulver und Puderzucker mischen. Mischung unter den Eischnee heben und alles in einen Spritzbeutel füllen.

2 Auf ein mit Backpapier ausgelegtes Blech kleine Kreise setzen. Diese 25 Minuten trocknen lassen und dann bei 150 °C Ober-/Unterhitze 14 Minuten im vorgeheizten Ofen backen. Abkühlen lassen.

3 Frischkäse, Milch und Puderzucker für die Creme verrühren. Schokolade schmelzen, unterrühren und Masse in einen Spritzbeutel füllen.

4 Creme auf die Hälfte der Macaron-Schalen spritzen und die übrigen Schalen draufsetzen.

SALZ-BUTTER-KARAMELL-MACARONS

18 Stk.

3 Std.
35 Min.

Mittel

Zutaten

Für die Macaron-Hälften:
95 g gemahlene Mandeln
95 g Puderzucker
75 g Eiweiß
Etwas braune Lebensmittelfarbe (Paste)
2 ½ EL Wasser
95 g Zucker

Für den Karamell:
115 g Puderzucker
55 ml Schlagsahne
1 ½ EL Wasser
95 g gesalzene Butter

Nährwerte p. S.

150 kcal
17 g Kohlenhydrate
8 g Fett
2 g Eiweiß

1 Für die Schalen Mandeln und Puderzucker vermengen und im Mixer mahlen. Lebensmittelfarbe unterrühren. 40 g Eiweiß steif schlagen. Zucker und Wasser im Topf aufkochen, bis die Mischung 115 °C erreicht hat. Topf vom Herd nehmen, unter Rühren Zuckersirup in den Eischnee rühren und alles 8 Minuten weiterrühren, bis die Masse nur noch lauwarm ist.

2 Mandelmischung mit dem übrigen Eiweiß verrühren. Dann die Eiweiß-Zucker-Masse in drei Portionen kurz unter die Mandel-Eiweißmischung heben.

3 Masse in einen Spritzbeutel geben und auf eine Backmatte oder ein mit Backpapier belegtes Backblech kleine Kleckse spritzen. Diese 40 Minuten trocknen lassen.

4 Macaron-Schalen bei 150 °C Ober-/Unterhitze im vorgeheizten Ofen 14 Minuten backen. Dann herausnehmen und abkühlen lassen.

5 Den übrigen Puderzucker mit dem restlichen Wasser im Topf bei mittlerer Hitze erwärmen, bis der Zucker geschmolzen ist. Sofort Sahne unterrühren. Sobald eine glatte Masse entstanden ist, Temperatur überprüfen, bei 108 °C Topf von der Platte nehmen und die Butter in Stücken dazugeben. Karamell in ein Glas umfüllen und 90 Minuten kühl stellen.

6 Karamell auf einen Teil der Schalen streichen und die übrigen Macaron-Hälften aufsetzen.

LEBKUCHEN-MACARONS

25 Stk.

2,5 Std.

Leicht

Zutaten

Für die Macaron-Hälften:
95 g gemahlene, geschälte Mandeln
140 g Puderzucker
8 g Zucker
70 g Eiweiß
1 Prise Salz

Für die Füllung:
140 g Schlagsahne
3 TL Zimt
2 EL Lebkuchengewürz
70 g Zartbitterschokolade
95 g weiße Schokolade

Nährwerte p. S.

108 kcal
11 g Kohlenhydrate
6 g Fett
2 g Eiweiß

1 Puderzucker und Mandeln im Mixer fein mixen und sieben. Eiweiß und Salz aufschlagen und den Zucker dabei zufügen. Mandelmischung, Zimt und Lebkuchengewürz vermengen und in drei Teilen unter das Eiweiß heben.

2 Masse in einen Spritzbeutel füllen und kleine Tupfer auf ein mit Backpapier ausgelegtes Blech spritzen. Diese 20 Minuten ruhen lassen und dann bei 100 °C Umluft ca. 14 Minuten im vorgeheizten Ofen backen. Danach abkühlen lassen.

3 Währenddessen Sahne im Topf erhitzen und Schokolade getrennt hacken. 95 g der heißen Sahne zur Zartbitterschokolade geben, den Rest zu der weißen Schokolade geben und so lange rühren, bis die Schokolade vollständig geschmolzen ist. Beide Schokomassen 20 Minuten kaltstellen, bis sie fester werden.

4 Schokomassen nach der Kühlung nochmals durchrühren und in zwei Spritzbeutel füllen. Die Hälfte der Macaron-Hälften damit (getrennt) bespritzen und die Deckel aufsetzen. Macarons 2 Stunden in den Kühlschrank stellen.

YOGURETTE-MACARONS

18 Stk.

1 Std.
45 Min.

Leicht

Zutaten

Für die Macaron-Hälften:
60 g Eiweiß
95 g Puderzucker
60 g Zucker
80 g gemahlene Mandeln

Für die Füllung:
28 g Butter
9 g Puderzucker
45 g Frischkäse (Doppelrahmstufe, 60 % Fett)
4 Riegel Yogurette
3 EL Erdbeermarmelade

Nährwerte p. S.

107 kcal
13 g Kohlenhydrate
5 g Fett
2 g Eiweiß

1 Für die Macaron-Hälften Mandeln und Puderzucker im Mixer mahlen und sieben. Eiweiß mit dem Zucker steif schlagen und unter die Mandelmischung heben.

2 Masse in einen Spritzbeutel füllen und auf ein mit Backpapier ausgelegtes Blech kleine gleichmäßige Tupfer spritzen. Macaron-Hälften 30 Minuten beiseitestellen und dann bei 160 °C Umluft auf mittlerer Ebene im vorgeheizten Ofen ungefähr 8 Minuten backen. Danach abkühlen lassen.

3 Yogurette hacken. Puderzucker und Butter zusammen glattrühren und Frischkäse untermengen. Creme in einen Spritzbeutel geben.

4 Die Hälfte der Macaron-Schalen mit der Marmelade bestreichen, dann die Creme darüberspritzen und mit der Yogurette bestreuen. Deckel aufsetzen und leicht andrücken.

KÜRBIS-MACARONS

23 Stk.

4 Std.
15 Min.

Leicht

Zutaten

Für die Macaron-Hälften:
120 g gemahlene, blanchierte Mandeln
120 g Puderzucker
½ EL Pumpkin Spice (Kürbis-Gewürz)
33 g Zucker
72 g Eiweiß
Ein paar Tropfen orange Lebensmittelfarbe

Für die Füllung:
95 g Butter
48 g Kürbispüree
½ EL Pumpkin Spice
310 g Puderzucker

Nährwerte p. S.

143 kcal
20 g Kohlenhydrate
6 g Fett
2 g Eiweiß

1 Puderzucker, Mandeln und Kürbis-Gewürz mixen und sieben. Eiweiß steif schlagen und dabei den Zucker unterschlagen. Am Ende Lebensmittelfarbe zugeben und Eischnee unter die Mandelmischung heben.

2 Masse in einen Spritzbeutel geben und auf ein Blech, das mit Backpapier ausgelegt ist, kleine Taler spritzen. Diese 30 Minuten trocknen lassen und dann bei 155 °C Umluft im oberen Drittel 10-12 Minuten im vorgeheizten Ofen backen. Nach der Hälfte der Zeit das Blech umdrehen.

3 Kürbispüree mit der Butter 4 Minuten aufschlagen. Hälfte des Puderzuckers und das Kürbis-Gewürz dazu sieben. Mischung nochmals 4 Minuten schlagen. Zweite Hälfte zugeben und nochmals weiterschlagen.

4 Kürbisfüllung in einen Spritzbeutel füllen und auf die Hälfte der abgekühlten Macaron-Schalen spritzen. Die übrigen Schalen als Deckel draufsetzen und Macarons für 3 Stunden (luftdicht verschlossen) kühl stellen.

Tipp: Für das Kürbispüree halbieren Sie einfach einen Kürbis, entfernen die Kerne und backen diesen mit der Schnittstelle nach unten bei 170 °C Umluft 40-50 Minuten weich. Danach das weiche Fruchtfleisch pürieren.

ZITRONEN-MACARONS

18 Stk. 1,5 Std. Leicht

Zutaten

Für die Macaron-Hälften:
95 g Zucker
2 Eier
1 Msp. gelbe Lebensmittelfarbe
130 g Weizenmehl
Abrieb einer Zitrone

Für die Füllung:
140 g weiße Kuvertüre
140 g Schlagsahne
Etwas Zitronenaroma

Nährwerte p. S.

128 kcal
15 g Kohlenhydrate
6 g Fett
3 g Eiweiß

1 Eier und Zucker schaumig aufschlagen. Lebensmittelfarbe und Zitronenabrieb zufügen und Mehl unterheben.

2 Masse in einen Spritzsack geben und kleine Taler auf eine Silikonbackmatte oder ein mit Backpapier belegtes Blech spritzen. Diese bei 150 °C Heißluft im vorgeheizten Ofen ca. 12 Minuten backen. Danach abkühlen lassen.

3 Kuvertüre, Zitronenaroma und Sahne im Topf langsam erhitzen und so lange rühren, bis die Kuvertüre geschmolzen ist.

4 Füllung eine Weile abkühlen lassen, dann in einen Spritzsack geben und auf die Hälfte der Macaron-Schalen spritzen. Die übrigen Schalen als Deckel draufsetzen.

Tipp: Die Zitronen-Macarons schmecken auch besonders köstlich, wenn Sie die Füllung mit Kokosraspeln anreichern.

KAFFEE-MACARONS

25 Stk.

2 Std.
20 Min.

Leicht

Zutaten

Für die Macaron-Hälften:
95 g geschälte Mandeln
2 Msp. Backpulver
140 g Puderzucker, davon 3 EL beiseitegestellt
1 Prise Salz
2 Eiweiß
1/2 TL Kaffeepulver
½ TL Backkakao

Für die Füllung:
95 g weiche Butter
2 TL kalter Espresso
2 EL Puderzucker
1 Msp. Fleur de Sel

Für die Dekoration:
½ TL Backkakao
½ TL Kaffeepulver

Nährwerte p. S.

78 kcal
8 g Kohlenhydrate
5 g Fett
1 g Eiweiß

1 Mandeln, Puderzucker, Kaffeepulver, Backpulver und Kakao fein mixen. Eiweiß mit dem Salz aufschlagen und den zur Seite gestellten Puderzucker unterschlagen. Mandelmischung hineinsieben und unterheben.

2 Masse in einen Spritzsack füllen und auf ein Backblech mit Backpapier kleine Häufchen spritzen. Diese 17-19 Minuten bei 130 °C Heißluft im vorgeheizten Ofen backen. Danach abkühlen lassen.

3 Butter, Espresso, Fleur de Sel und Puderzucker für die Füllung verrühren. Buttercreme in einen Spritzsack füllen und die Füllung auf die Hälfte der Schalen geben. Die übrigen Macaron-Hälften aufsetzen und die Macarons 60 Minuten in den Kühlschrank stellen.

4 Kaffeepulver und Backkakao vermengen und die Macarons vor dem Verzehr damit bestäuben.

PFEFFERMINZ-MACARONS

14 Stk.

1 Std.
55 Min.

Leicht

Zutaten

Für die Macaron-Hälften:
40 g gemahlene Mandeln
70 g Puderzucker
32 g Eiweiß
1 Prise Salz
3 Tropfen Pfefferminzöl
9 g Backzucker (gemischt mit etwas flüssiger grüner Lebensmittelfarbe)

Für die Ganache:
9 g Schlagsahne
45 g Vollmilchschokolade
Etwas Orangenöl

Nährwerte p. S.

60 kcal
8 g Kohlenhydrate
3 g Fett
1 g Eiweiß

1 Puderzucker und Mandeln fein mahlen, dann sieben und mit dem Minzöl mischen. Eiweiß mit Salz unter Zugabe des Zuckers steif schlagen und portionsweise unter die Mandelmischung heben.

2 Masse mithilfe eines Spritzbeutels in kleinen Kreisen auf ein Blech mit Backpapier spritzen und diese 20 Minuten ruhen lassen.

3 Macaron-Schalen auf mittlerer Ebene bei 145 °C Ober-/Unterhitze im vorgeheizten Ofen 13-15 Minuten backen und danach abkühlen lassen.

4 Für die Ganache Sahne mit der Schokolade im Wasserbad erwärmen, bis die Schokolade vollständig geschmolzen ist. Orangenöl unterrühren, eine Weile abkühlen lassen und dann auf die Hälfte der Macaron-Schalen geben. Die übrigen Hälften als Deckel draufsetzen und fertig.

WÜRZIGE MACARONS MIT APFELMARMELADE

26 Stk.

8 Std. 20 Min.

Mittel

Zutaten

Für die Macaron-Hälften:
110 g geschälte Mandeln
140 g Puderzucker
½ EL Zitronensaft
2 Eiweiß
1 Prise Zimt
1 Prise Kardamom
1 Prise gemahlene Gewürznelken

Für die Marmelade:
280 g Äpfel
2 TL Butter
Etwas Zimt
2 TL Zitronensaft
150 g Gelierzucker, 2:1
1 Prise gemahlene Gewürznelken
55 ml Apfelsaft

Nährwerte p. S.

81 kcal
14 g Kohlenhydrate
3 g Fett
1 g Eiweiß

1 Äpfel schälen, Kerngehäuse entfernen und klein schneiden. Butter im Topf schmelzen und Apfelstücke 8 Minuten darin andünsten. Zucker, Zitronensaft, Apfelsaft und Gewürze zugeben. Alles 5 Minuten köcheln lassen. Masse in Gläser umfüllen, 8 Minuten auf den Kopf stellen, dann umdrehen und erkalten lassen.

2 Mandeln fein mahlen. Zitronensaft mit Eiweiß steif schlagen und dabei den Puderzucker und die Gewürze zugeben. Mandeln unter den festen Eischnee heben.

3 Mandelmischung in einen Spritzbeutel füllen und auf ein mit Backpapier belegtes Backblech kleine Tupfer spritzen. Diese bei 120 °C Umluft im vorgeheizten Ofen 30 Minuten backen. Dabei die Backofentür einen Spalt offenlassen.

4 Marmelade auf die Hälfte der abgekühlten Macaron-Schalen streichen und die andere Hälfte als Deckel draufsetzen.

Vegane Macarons

MACARONS MIT HIMBEERFÜLLUNG

18 Stk. | 1 Std. 50 Min. | Leicht

Zutaten

Für die Macaron-Hälften:
55 g Zucker
7 g Kartoffelprotein
55 g Wasser
65 g gemahlene, geschälte Mandeln
110 g Puderzucker
Etwas rote Gel-Lebensmittelfarbe
1 Prise Zitronensäure

Für die Creme:
25 g Puderzucker
18 g Vanillepuddingpulver
75 g Pflanzenmargarine
145 g Soja- oder Mandelmilch
Etwas Himbeerpulver, gefriergetrocknet

Nährwerte p. S.

104 kcal
12 g Kohlenhydrate
6 g Fett
1 g Eiweiß

1 Kartoffelprotein mit Wasser und Säure in eine Schale geben und eine Weile beiseitestellen, ohne die Zutaten durchzurühren.

2 Mandeln und Puderzucker mischen und zweimal sieben. Kartoffelproteinmischung aufschlagen und Zucker zugeben. Lebensmittelfarbe zufügen. Mandelmischung unterheben.

3 Masse in einen Spritzbeutel geben und 3,5 cm große Taler auf ein mit Backpapier belegtes Blech spritzen. Macaron-Hälften 30 Minuten trocknen lassen und dann bei 150 °C Umluft im vorgeheizten Ofen ca. 18 Minuten backen. Herausnehmen und abkühlen lassen.

4 Für die Vanillecreme Puderzucker mit Margarine aufschlagen. 2/3 der Milch im Topf erwärmen. Mit der übrigen Milch das Puddingpulver in einer Schale anrühren und dieses dann mit einem Schneebesen zu der heißen Milch im Topf geben. Pudding einmal aufkochen und dann im kalten Wasserbad kaltrühren.

5 Pudding nach und nach unter die Margarine-Puderzucker-Mischung geben und alles gut verrühren. Himbeerpulver unter die Creme rühren, diese in einen Spritzbeutel füllen und auf die Hälfte der Macaron-Schalen spritzen. Die anderen Schalen draufsetzen und fertig!

SCHOKOLADEN-MACARONS

18 Stk.

1 Tag

Leicht

Zutaten

Für die Macaron-Hälften:
½ TL Backkakao
160 g Aquafaba (Kichererbsenwasser)
95 g gemahlene, blanchierte Mandeln
95 g Puderzucker
70 g Zucker
Etwas Zitronensaft

Für die Ganache:
95 g Zartbitterschokolade
45 ml Joya Soja-Cuisine

Nährwerte p. S.

102 kcal
13 g Kohlenhydrate
5 g Fett
2 g Eiweiß

1 Aquafaba in einem Topf zum Kochen bringen und auf 75 g einkochen. Dann abkühlen lassen.

2 Mandeln und Puderzucker vermengen und im Mixer fein mahlen. Mischung anschließend sieben.

3 Aquafaba fest aufschlagen und langsam Zucker und Zitronensaft zugeben, dabei weiterrühren. Zum Schluss Kakao hinzufügen. Mandelmischung unter die Aquafaba-Masse heben und alles in einen Spritzbeutel füllen.

4 Auf ein mit Backpapier belegtes Blech kleine Tupfer spritzen und diese 2 Stunden trocknen lassen.

5 Macaron-Hälften bei 110 °C Ober-/Unterhitze 25 Minuten im vorgeheizten Ofen auf mittlerer Ebene backen. Danach 15 Minuten im ausgeschalteten Ofen stehen lassen, herausnehmen und vollständig abkühlen lassen.

6 In der Zwischenzeit Joya Soja-Cuisine im Topf erwärmen und die Schokolade in Stücken darin unter Rühren schmelzen lassen. Umfüllen und im Kühlschrank erkalten lassen.

7 Ganache in einen Spritzbeutel geben und auf der Hälfte der Macaron-Schalen verteilen. Übrige Schalen draufsetzen und die fertigen Macarons über Nacht in einer luftdichten Box kühl stellen.

Tipp: Für leckere Erdbeer-Macarons Kakao durch 1 Msp. rote Lebensmittelfarbe (Pulver) ersetzen und mit einer Creme aus Joya Kokos Joghurtalternative Erdbeere und frischen Erdbeeren befüllen!

MACARONS MIT ZITRONENFÜLLUNG

20 Stk.

3 Std. 40 Min.

Mittel

Zutaten

Für die Macaron-Hälften:
Kichererbsenwasser aus einer 400-g-Dose
95 g Puderzucker
95 g Zucker
2 ½ EL Wasser
1 Msp. Backpulver
95 g gemahlene, geschälte Mandeln
Etwas gelbe Lebensmittelfarbe (Pulver)

Für die Creme:
45 g Puderzucker
1 EL Zitronenabrieb
1 EL Zitronensaft
45 g weiche Pflanzenmargarine

Nährwerte p. S.

94 kcal
12 g Kohlenhydrate
4 g Fett
1 g Eiweiß

1 Kichererbsenwasser sieben, in eine Pfanne geben und um 1/3 einkochen. Dann erkalten lassen.

2 Puderzucker und Mandeln im Mixer mahlen und ebenfalls sieben. 70 g des Kichererbsenwassers 8 Minuten aufschlagen, Backpulver unterrühren und die Hälfte des Kichererbsen-Schaums auf die Mandelmischung geben. Lebensmittelfarbe zuerst im Schaum auflösen und erst dann unter die Mandelmischung heben.

3 Wasser und Zucker in einer Pfanne zum Kochen bringen, bis 118 °C erreicht sind. Dann den übrigen Kichererbsen-Schaum aufschlagen und dabei den heißen Sirup in einem feinen Strahl unterschlagen, bis die Masse abgekühlt ist. Nach und nach unter die Mandelmasse heben und direkt in einen Spritzbeutel geben.

4 Kleine Kreise auf ein mit Backpapier belegtes Blech spritzen und diese so lange trocknen lassen, bis sich eine Haut auf den Macaron-Hälften gebildet hat.

5 Macaron-Hälften bei 110 °C Ober-/Unterhitze im vorgeheizten Ofen auf unterster Ebene ca. 30 Minuten backen, dann 20 Minuten im ausgeschalteten Ofen stehen lassen. Anschließend herausnehmen und vollständig erkalten lassen.

6 Für die Creme Margarine mit der Hälfte des Puderzuckers aufschlagen. Zitronenabrieb und Zitronensaft mit dem übrigen Puderzucker vermengen. Nach und nach zu der Margarinenmasse geben und alles gut durchschlagen. Creme in einen Spritzbeutel geben und die Hälfte der Macaron-Schalen damit bespritzen. Die übrigen Schalen als Deckel draufsetzen und leicht andrücken.

KLASSISCHE MACARONS MIT EINER SAHNECREME

15 Stk.

5 Std. 35 Min.

Leicht

Zutaten

Für die Macaron-Hälften:
60 g Aquafaba (Kichererbsenwasser)
80 g Puderzucker
80 g gemahlene Mandeln
60 g Backzucker
15 g Lebensmittelfarbe (Pulver), Farbe n. B.

Für die Creme:
1 Pck. Vanillezucker
5 g Puderzucker
140 ml vegane Sahne-Alternative (gesüßt und aufschlagbar)
140 g Simply V Streichgenuss Cremig-Mild

Nährwerte p. S.

102 kcal
12 g Kohlenhydrate
5 g Fett
2 g Eiweiß

1 Aquafaba 8 Minuten steif schlagen. Backzucker zugeben und alles weitere 5 Minuten schlagen. Dabei die Farbe zugeben. Mandeln und zweimal sieben und mischen.

2 1/3 der Mandelmischung zum festen Aquafaba geben, dann den nächsten Teil und anschließend den Rest. Masse in einen Spritzbeutel füllen und auf eine Silikonmatte oder auf ein mit Backpapier belegtes Backblech kleine Taler spritzen.

3 Die Macaron-Schalen 4 Stunden trocknen lassen und dann bei 100 °C Umluft im vorgeheizten Ofen auf mittlerer Ebene 30 Minuten backen. Danach den Ofen ausschalten und die Macaron-Schalen weitere 30 Minuten im geschlossenen Ofen stehen lassen. Erst dann herausnehmen und vollständig erkalten lassen.

4 Für die Füllung Sahne-Alternative mit Vanillezucker steif schlagen und mit dem übrigen Puderzucker sowie dem Streichgenuss vermengen. Masse ggf. einfärben.

5 Creme in einen Spritzbeutel füllen und auf einen Teil der Macaron-Schalen spritzen. Übrige Schalen aufsetzen.

PISTAZIEN-MACARONS

14 Stk.

2 Std.
50 Min.

Leicht

Zutaten

Für die Macaron-Hälften:
60 g Pistazien
95 g Xylit
14 g Birkenzucker
¼ TL Natron
48 g Leinsamen
470 ml Wasser

Für die Füllung:
60 g Pflanzenmargarine
23 g Xylit
2 TL Pistazienmus
(dafür ein paar Pistazien fein mixen und mit etwas Wasser vermengen)

Für die Dekoration:
2 TL gehackte Pistazien

Nährwerte p. S.

93 kcal
3 g Kohlenhydrate
7 g Fett
1 g Eiweiß

1 Xylit und Pistazien fein mixen. Nicht zu lange mixen, da sonst Pistazienbutter entsteht. Für den selbst hergestellten pflanzlichen Eischnee Leinsamen in dem Wasser 12-14 Minuten im Topf köcheln lassen.

2 Das Gel sieben, erkalten lassen und zu Eischnee aufschlagen. Hiervon 19 g abnehmen und Birkenzucker und Natron unterheben. Pistazienmischung ebenfalls untermengen.

3 Masse in einen Spritzbeutel geben und kleine Kreise auf ein mit Backpapier ausgelegtes Blech spritzen. Diese 30 Minuten beiseitestellen. Macaron-Schalen bei 160 °C Ober-/Unterhitze im vorgeheizten Ofen 14-16 Minuten backen. Anschließend abkühlen lassen.

4 Xylit und Margarine für die Füllung aufschlagen und Pistazienmus zugeben.

5 Füllung auf die Hälfte der Macaron-Schalen streichen und die übrigen als Deckel aufsetzen. Mit gehackten Pistazien bestreuen.

KARAMELL-MACARONS

25 Stk.

3 Std. 50 Min.

Mittel

Zutaten

Für die Macaron-Hälften:
2 Gläser Kichererbsen (350 g Gläser)
55 ml Wasser
190 g Zucker
190 g gemahlene, blanchierte Mandeln
190 g Puderzucker

Für die Füllung:
95 g Zucker
45 g + 175 g Pflanzenmargarine
95 g vegane Schlagsahne
38 g Puderzucker

Nährwerte p. S.

196 kcal
21 g Kohlenhydrate
11 g Fett
2 g Eiweiß

1 Kichererbsen abgießen und die Flüssigkeit in einem Topf aufkochen. Köcheln lassen, bis eine leicht dickflüssige Konsistenz entstanden ist. Topf dann von der Platte nehmen und Aquafaba erkalten lassen.

2 Mandeln und Puderzucker vermengen, mixen und zweimal sieben. Von dem Aquafaba 140 ml abmessen (den Rest anderweitig verwenden) und die Hälfte mit der Mandelmischung vermengen.

3 Wasser und Zucker im Topf auf 118 °C erhitzen. Zwischenzeitlich den restlichen Teil des Aquafaba aufschlagen. Zuckersirup langsam unterschlagen und für 8 Minuten weiterschlagen. Mandel-Aquafaba-Mischung unterheben und Masse in einen Spritzbeutel geben. Auf ein mit Backpapier belegtes Blech kleine Taler (3-4 cm Durchmesser) spritzen und diese 60 Minuten trocknen lassen.

4 Macaron-Hälften bei 100 °C Ober-/Unterhitze im vorgeheizten Ofen auf mittlerer Ebene 30 Minuten backen. Danach Ofen abschalten und Macaron-Schalen weitere 15 Minuten im Ofen stehen lassen. Anschließend den Ofen öffnen und weitere 15 Minuten im Ofen abkühlen lassen. Herausnehmen und vollständig erkalten lassen.

5 Zucker für die Creme in einer Pfanne zum Schmelzen bringen. 45 g Margarine unterrühren. Sahne im Topf erwärmen und ebenfalls unterrühren, bis eine glatte Creme entstanden ist. Creme in ein Glas umfüllen und vollständig abkühlen lassen.

6 Übrige Margarine und Puderzucker ein paar Minuten gut aufschlagen und 3 EL der Karamell-Creme zugeben. Übrige Creme anderweitig verwenden.

7 Füllung auf die Hälfte der Macaron-Schalen geben und die übrigen Schalen aufsetzen.

MATCHA-KOKOS-MACARONS

22 Stk.

1 Tag

Leicht

Zutaten

Für die Macaron-Hälften:
70 ml Aquafaba (Kichererbsenwasser)
55 g Zucker
3 g Matcha-Pulver
100 g Puderzucker
100 g gemahlene Mandeln

Für die Füllung:
55 g kalte Soja-Butter
115 g Puderzucker
1-2 EL Crema de Coco von Dr. Goerg

Nährwerte p. S.

95 kcal
13 g Kohlenhydrate
4 g Fett
1 g Eiweiß

1 Für die Macaron-Schalen Aquafaba aufschlagen. Dabei Zucker einrieseln lassen und alles 8 Minuten steif schlagen. Matcha-Pulver, Puderzucker und Mandeln sieben und unter das Aquafaba heben.

2 Masse in einen Spritzbeutel füllen und kleine Tupfer auf ein Backblech mit Backpapier spritzen. Diese so lange trocknen lassen, bis sich eine Haut auf der Oberseite gebildet hat (kann bis zu drei Stunden dauern). Macaron-Hälften anschließend bei 140 °C Ober-/Unterhitze im vorgeheizten Ofen 16-18 Minuten backen, danach erkalten lassen.

3 Für die Füllung Butter aufschlagen und Puderzucker zugeben. Crema de Coco unterschlagen und die Creme in einen Spritzbeutel geben

4 Creme auf die Hälfte der Macaron-Schalen spritzen und die übrigen Hälften als Deckel draufsetzen. Macarons luftdicht verschließen und über Nacht kühl stellen.

Herzhafte Macarons

LEICHTE PORREE-MACARONS

28 Stk. 50 Min. Leicht

Zutaten

Für die Macaron-Hälften:
2 Pck. Blätterteig

Für die Füllung:
55 g Butter
1 Zwiebel
2 TL Weizenmehl
2 EL Olivenöl
95 g Parmesan
3 Stangen Lauch
1 Knoblauchzehe
1 Prise Thymian
2 EL Sauerrahm
Salz und Pfeffer

Außerdem:
1 Ei

Nährwerte p. S.

109 kcal
9 g Kohlenhydrate
7 g Fett
2 g Eiweiß

1 Zwiebel, Knoblauch und Lauch klein schneiden. Öl und Butter in einer Pfanne erwärmen und Gemüse darin anbraten. Nach 5 Minuten Mehl zugeben, anschließend Sauerrahm. Alles gut verrühren. Gemüse in eine Schale geben und mit Thymian, Parmesan, Salz und Pfeffer würzen.

2 Blätterteig ausrollen und 6 cm große Kreise ausstechen. Auf die Hälfte etwas von der Gemüsemischung geben und die übrigen Taler draufsetzen. Die Ränder mit einer Gabel andrücken.

3 Ei verquirlen und Macarons damit bestreichen. Diese dann bei 195 °C Ober-/Unterhitze im vorgeheizten Ofen 30 Minuten goldgelb backen.

Tipp: Fleischliebhaber können der Gemüsemasse Schinkenwürfel zufügen!

MACARONS GEFÜLLT MIT EINER BIRNEN-KÄSECREME

24 Stk.

4 Std.

Leicht

Zutaten

Für die Macaron-Hälften:
130 g gemahlene, geschälte Mandeln
95 g Eiweiß
1 Prise Salz
28 g Puderzucker

Für die Creme:
45 g Frischkäse
45 g Butter
45 g Gorgonzola
1 kleine Birne
1 Handvoll Kresse
1 Knoblauchzehe
Salz und Pfeffer

Außerdem:
8 Walnüsse für die Dekoration

Nährwerte p. S.

80 kcal
3 g Kohlenhydrate
7 g Fett
3 g Eiweiß

1 Mandeln fein mahlen. Eiweiß mit 1 Prise Salz aufschlagen und den Puderzucker einrieseln lassen. Mandeln unterheben und alles in einen Spritzbeutel füllen.

2 Auf ein mit Backpapier ausgelegtes Backblech kleine Taler spritzen und diese 35 Minuten ruhen lassen. Dann bei 155 °C Ober-/Unterhitze 30 Minuten im vorgeheizten Ofen backen und abkühlen lassen.

3 Für die Füllung Butter aufschlagen, dann Gorgonzola und Frischkäse unterrühren. Kresse und Knoblauch fein hacken und zugeben. Füllung mit Salz und Pfeffer abschmecken. Birne säubern, schälen, klein schneiden und unter die Masse geben.

4 Creme in einen Spritzbeutel füllen und einen Klecks auf die Hälfte der Macaron-Schalen geben. Die übrigen Schalen aufsetzen und die Macarons 2 Stunden kühl stellen.

5 Walnüsse hacken und Macarons damit verzieren, indem die Nüsse an die Seite der Macarons leicht in die Creme gedrückt werden.

LACHS-MACARONS MIT FRISCHKÄSE

25 Stk.

1 Std. 50 Min.

Leicht

Zutaten

Für die Macaron-Hälften:
130 g Eiweiß
145 g Puderzucker
160 g Zucker
145 g gemahlene Mandeln
Etwas schwarze Lebensmittelfarbe (Paste oder Pulver)

Für die Füllung:
1 Pck. Räucherlachs (200 g)
6-8 EL Frischkäse

Nährwerte p. S.

111 kcal
13 g Kohlenhydrate
5 g Fett
4 g Eiweiß

1 Mandeln mit Puderzucker mischen, sieben und Eiweiß steif schlagen. Sobald das Eiweiß halb steif ist, einen Teil des Zuckers unterschlagen. Den anderen Teil erst dazugeben, wenn fester Eischnee entstanden ist. Lebensmittelfarbe und Mandelmischung portionsweise unterheben.

2 Masse in einen Spritzbeutel umfüllen und Kreise mit einem Durchmesser von 3-4 cm auf ein mit Backpapier ausgelegtes Backblech spritzen. Diese 30 Minuten trocknen lassen und dann bei 95 °C Umluft im vorgeheizten Ofen ca. 20-22 Minuten backen.

3 Für die Füllung Frischkäse in einen Spritzbeutel füllen und auf die Hälfte der abgekühlten Macaron-Schalen geben. Etwas Räucherlachs darauflegen und die übrigen Schalen als Deckel draufsetzen.

SPECK-MACARONS MIT ROTKOHL

   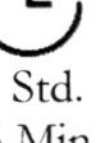

10 Stk. | 3 Std. 55 Min. | Leicht

Zutaten

Für die Macaron-Hälften:
1 Zwiebel
1 Ei
½ EL Backpulver
110 g Bacon (gewürfelt)
4 EL Wasser
45 g Maisstärke
235 g Weizenmehl

Für die Creme:
470 g Rotkohl
1 ½ EL Öl
½ Zwiebel
235 ml Schlagsahne
235 g Topfen (10 % Fett)
235 ml Rotwein
Etwas Kümmel (gemahlen)
Salz und Pfeffer

Nährwerte p. S.

325 kcal
29 g Kohlenhydrate
18 g Fett
8 g Eiweiß

1 Zwiebel schälen und würfeln. Speck anbraten und mit den Zwiebelwürfeln wenige Minuten andünsten. Anschließend abkühlen lassen.

2 Ei trennen. Stärke, Backpulver, Mehl, Wasser und Eiweiß verkneten und die Speckmischung zugeben. Teig 25 Minuten ruhen lassen.

3 Teig 0,5 cm dick ausrollen und Kreise mit 6 cm Durchmesser ausstechen. Diese auf ein mit Backpapier ausgelegtes Blech legen, Eigelb verquirlen und darüberstreichen. Bei 195 °C Ober-/Unterhitze auf mittlerer Ebene ca. 12 Minuten backen und abkühlen lassen.

4 Für die Creme Strunk des Kohls entfernen. Kohl in dünne Streifen schneiden, säubern und mit Salz, Pfeffer und Kümmel würzen. 15 Minuten stehen lassen.

5 Zwiebel schälen, würfeln und in Öl anbraten. Wein zugeben, dann den Kohl. Alles 20 Minuten mit geschlossenem Deckel bei mittlerer Temperatur dünsten.

6 Sahne unterrühren und Kohl im offenen Topf einkochen. Dann abkühlen lassen, abschmecken und Topfen untermengen.

7 Die Hälfte der Macaron-Schalen mit der Rotkohlcreme bestreichen und die übrigen Schalen aufsetzen.

WALNUSS-ZIEGENKÄSE-MACARONS

12 Stk.

1 Std. 55 Min.

Leicht

Zutaten

Für die Macaron-Hälften:
1 Eiweiß
18 g Zucker
50 g Weizenmehl
60 g Puderzucker
½ TL Salz

Für die Füllung:
235 g Walnüsse
95 g Zucker
1 Rolle Ziegenkäse (140 g)
95 ml Wasser
Etwas Ziegenfrischkäse
Etwas Butter (zimmerwarm)
Etwas Walnussmarzipan
Salz und Pfeffer

Nährwerte p. S.

262 kcal
21 g Kohlenhydrate
18 g Fett
7 g Eiweiß

1 Für die Macaron-Hälften Puderzucker und Mehl sieben. Eiweiß mit Salz und Zucker fast steif schlagen. Dann die Mehlmischung unterheben. Masse umgehend in einen Spritzsack geben und auf ein Backblech mit Backpapier kleine Tupfer spritzen.

2 Macaron-Schalen 35 Minuten stehen lassen und dann bei 150 °C Umluft 14-16 Minuten im vorgeheizten Ofen backen. Anschließend abkühlen lassen.

3 Für die Füllung Nüsse gut hacken. Zucker im Wasser zum Kochen bringen und Nüsse zugeben. Sieben und Nüsse bei 165 °C Umluft 4-6 Minuten backen. Erkalten lassen und die Hälfte mit Marzipan vermengen.

4 Übrige Walnussstücke auf der Hälfte der Macaron-Schalen verteilen. Butter auf die anderen Hälften streichen. Außenhaut der Käserolle ablösen und mit dem Frischkäse verrühren. Danach mit Salz und Pfeffer abschmecken.

5 Käsecreme in einen Spritzsack geben und auf die Macaron-Hälften mit den Nussstückchen spritzen. Je eine kleine Kugel der Marzipanmasse in die Creme drücken und die übrigen Macaron-Hälften aufsetzen.

GERSTENGRAS-MACARONS MIT KALBFLEISCH

10 Stk.

3,5 Std.

Leicht

Zutaten

Für die Macaron-Hälften:
25 g Eiweiß
8 g Zucker
1 Prise Salz
30 g gemahlene, geschälte Mandeln
1 g Gerstengraspulver
55 g Puderzucker
3 getrocknete Cranberrys

Für die Füllung:
95 g Kalbshuft, dressiert (ohne Sehnen)
1-2 TL weißer Balsamico-Essig
Etwas Limettensaft
Etwas Olivenöl
10 Curry-Cashewnüsse
10 getrocknete Cranberrys
Etwas Kerbel oder glatte Petersilie
Salz und Pfeffer

Nährwerte p. S.

102 kcal
10 g Kohlenhydrate
5 g Fett
5 g Eiweiß

1 Für die Macaron-Schalen Eiweiß anschlagen, Zucker zugeben und gemeinsam steif schlagen. Mandeln und Puderzucker mischen, mit den übrigen Zutaten vermengen, sieben und unter den Eischnee heben.

2 Masse in einen Spritzbeutel geben und kleine Kreise auf ein Blech mit Backpapier spritzen. Diese 2 Stunden ruhen lassen. Macaron-Hälften bei 150 °C Ober-/Unterhitze 12-14 Minuten im vorgeheizten Ofen backen. Abkühlen lassen.

3 Fleisch fein schneiden und mit Öl, Essig, Salz, Pfeffer und Limettensaft ordentlich würzen. Eine Weile kühl stellen.

4 Tatar in kleine Kugeln formen und zwischen zwei Macaron-Hälften geben. Jedes Macaron mit je einer Cranberry und einer Nuss sowie mit Kerbel garnieren.

SPIRULINA-SARDINEN-MACARONS

10 Stk.

6,5 Std.

Leicht

Zutaten

Für die Macaron-Hälften:
33 g Eiweiß
28 g Spirulina-Pulver
Etwas Salz
18 g Zucker
Etwas grüne Lebensmittelfarbe

Für die Füllung:
180 g Nuri-Sardinen (in pikantem Olivenöl)
460 g rote Zwiebeln
1 Knoblauchzehe
45 ml Hühnerbrühe
1 Lorbeerblatt
Ein paar schwarze Pfefferkörner
28 ml Olivenöl
Etwas Tabasco-Pfeffersoße
1 EL fein gehackte Petersilie
Salz

Nährwerte p. S.

106 kcal
8 g Kohlenhydrate
5 g Fett
7 g Eiweiß

1 Für die Macaron-Hälften alle Zutaten verrühren, bis die Masse steif ist. Farbe zuletzt zugeben und Masse in einen Spritzbeutel füllen.

2 Auf ein mit Backpapier ausgelegtes Backblech kleine Tupfer spritzen. Diese ca. 5 ½ Stunden bei 65 °C Umluft backen.

3 Zwiebeln in Ringe schneiden und in Öl in einer Pfanne andünsten. Knoblauch hacken und zugeben. Lorbeerblatt und Pfefferkörner unterrühren. Nach ein paar Minuten Mischung sieben, sodass das Öl abfließt. Lorbeerblatt und Pfefferkörner entfernen.

4 Mischung mit Brühe im Mixer mixen. Anschließend sieben und mit Salz und Pfeffersoße abschmecken. Petersilie untermengen. Mischung in einen Spritzbeutel geben und eine Weile kühl stellen.

5 Füllung auf die Hälfte der Macaron-Schalen spritzen, je ein kleines Stück Nuri-Sardine darauflegen und mit den übrigen Macaron-Schalen bedecken.

MACARONS MIT SÜẞER ENTENLEBERFÜLLUNG

20 Stk.

2 Std. 10 Min.

Leicht

Zutaten

Für die Macaron-Hälften:
110 g Puderzucker
55 g Zucker
85 g gemahlene, geschälte Mandeln
1 Prise Salz
2 Eiweiß
Etwas braune Lebensmittelfarbe

Für die Füllung:
2 Pck. Le Patron Entenleber-Mousse (160 g)
3 EL Feigenmarmelade
Etwas Pfeffer

Nährwerte p. S.

121 kcal
10 g Kohlenhydrate
7 g Fett
3 g Eiweiß

1 Mandeln und Puderzucker mischen und fein mixen. Anschließend sieben. Eiweiß mit Salz steif schlagen und dabei Zucker zugeben. Farbe ebenfalls zufügen. Mandelmischung unter den Eischnee heben und alles in einen Spritzbeutel füllen.

2 Auf ein mit Backpapier ausgelegtes Blech kleine Taler spritzen und diese 60 Minuten stehen lassen.

3 Macaron-Schalen 14-16 Minuten im vorgeheizten Ofen bei 145 °C Umluft backen, dann herausnehmen und erkalten lassen.

4 Für die Füllung Entenleber-Mousse auf die Hälfte der Macaron-Schalen streichen. Etwas von der Marmelade darübergeben und etwas pfeffern. Übrige Schalen als Deckel aufsetzen und genießen.

Tipp: Um den Macarons ein zusätzliches weihnachtliches Aroma zu verleihen, fügen Sie den Macaron-Schalen bei der Zubereitung 5 g Backkakao sowie einen halben Esslöffel Lebkuchengewürz hinzu. Die Trocknungszeit beträgt bei dieser Herstellung nur 45 Minuten.

MACARONS MIT HONIG UND ZIEGENKÄSE

20 Stk.

1 Std. 10 Min.

Leicht

Zutaten

Für die Macaron-Hälften:
110 g Puderzucker
55 g Zucker
85 g gemahlene, geschälte Mandeln
1 Prise Fleur de Sel
2 Eiweiß
Etwas orange Lebensmittelfarbe

Für die Füllung:
2 EL Akazienhonig
1 Rolle Ziegenkäse (140 g)
Etwas Fleur de Sel

Nährwerte p. S.

93 kcal
10 g Kohlenhydrate
4 g Fett
3 g Eiweiß

1 Die Macaron-Hälften wie im vorigen Rezept (Macarons gefüllt mit süßer Entenleberfüllung) zubereiten, backen und abkühlen lassen.

2 Für die Füllung Ziegenkäse in Scheiben schneiden und auf die Hälfte der Macaron-Hälften legen. Etwas Honig darüberträufeln und mit etwas Fleur de Sel bestreuen. Deckel aufsetzen und sofort genießen.

Tipp: Falls noch Macaron-Schalen übrig sind, lassen sich diese mit etwas Kuvertüre Ihrer Wahl super einfach in süße Macarons verwandeln.

Macarons mit Alkohol

MACARONS SCHOKO-KIRSCH

20 Stk.

1 Std.
25 Min.

Mittel

Zutaten

Für die Macaron-Hälften:
30 g Wasser
95 g gemahlene Mandeln
115 g Zucker
75 g Eiweiß
95 g Puderzucker

Für die Ganache:
140 g Zartbitterschokolade
2 EL Schlagsahne
6 cl Kirsch
25 g Butter

Nährwerte p. S.

130 kcal
15 g Kohlenhydrate
6 g Fett
2 g Eiweiß

1 Puderzucker und Mandeln zusammen sieben, 35 g Eiweiß untermengen. Übriges Eiweiß mit 25 g Zucker halb steif schlagen. Restlichen Zucker und Wasser im Topf auf 110 °C zum Kochen bringen.

2 Heißen Sirup langsam unter Rühren zu dem aufgeschlagenen Eiweiß geben und so lange weiterschlagen, bis die Masse lauwarm ist.

3 Mandelmischung unter die Eiweißmasse heben und in einen Spritzbeutel umfüllen. Auf einem mit Backpapier ausgelegten Blech Tupfer mit 2-3 cm Durchmesser spritzen. Diese 15 Minuten beiseitestellen, dann im vorgeheizten Ofen bei 150 °C Ober-/Unterhitze 17-19 Minuten backen.

4 Währenddessen Schokolade hacken und mit Sahne und Butter im Topf erwärmen, bis die Schokolade geschmolzen ist. Kirsch hinzugeben und die Schokomasse 25 Minuten abkühlen lassen.

5 Ganache in einen Spritzbeutel geben, auf die Hälfte der Macaron-Hälften spritzen und die Macarons fertig zusammensetzen.

MARZIPAN-MACARONS MIT AMARETTO

25 Stk.

1 Std. 25 Min.

Leicht

Zutaten

Für die Macaron-Hälften:
2 Eiweiß
140 g Puderzucker
Etwas schwarze Lebensmittelfarbe
1 Prise Salz
110 g gemahlene Mandeln

Für die Creme:
4 EL Amaretto
65 g Pistazien
140 g Marzipanrohmasse

Außerdem:
Etwas Backkakao

Nährwerte p. S.

101 kcal
10 g Kohlenhydrate
5 g Fett
2 g Eiweiß

1 Eiweiß und Salz steif schlagen und dabei den Puderzucker und die Farbe zugeben. Mandeln sieben und unterheben. Masse in einen Spritzbeutel füllen und kleine Kreise auf ein mit Backpapier ausgelegtes Blech spritzen.

2 Macaron-Schalen 15 Minuten beiseitestellen und dann im vorgeheizten Ofen bei 80 °C Ober-/Unterhitze ca. 14 Minuten backen. Dann die Temperatur auf 170 °C erhöhen und weitere 5-7 Minuten backen. Danach herausnehmen und abkühlen lassen.

3 Für die Creme Pistazien mahlen und mit Amaretto und Marzipan vermengen. Masse in einen Spritzbeutel geben und auf die Hälfte der Schalen spritzen. Übrige Hälften als Deckel aufsetzen. Mit Backkakao bestäuben.

VANILLE-RUM-MACARONS

16 Stk. | 1 Std. 55 Min. | Leicht

Zutaten

Für die Macaron-Hälften:
40 g gemahlene, geschälte Mandeln (gesiebt)
70 g gesiebter Puderzucker
33 g Eiweiß
Etwas Lebensmittelfarbe n. B.

Für die Füllung:
10 g Schlagsahne
Etwas Vanillepaste
45 g Zartbitterschokolade
1 ½ EL Rum

Nährwerte p. S.

54 kcal
6 g Kohlenhydrate
2 g Fett
1 g Eiweiß

1 Puderzucker mit Mandeln vermengen. Eiweiß steif schlagen, dabei Puderzucker und Farbe zugeben. Mandelmischung portionsweise unterheben und Masse in einen Spritzsack umfüllen.

2 Auf eine Backmatte oder ein mit Backpapier ausgelegtes Blech kleine Tupfer spritzen. Diese 25 Minuten ruhen lassen.

3 Macaron-Hälften bei 150 °C Ober-/Unterhitze im vorgeheizten Ofen ca. 14-16 Minuten backen. Danach abkühlen lassen.

4 Schokolade, Vanillepaste, Sahne und Rum im Wasserbad erhitzen, bis die Schokolade geschmolzen ist. Füllung 15-20 Minuten abkühlen lassen und dann auf die Hälfte der Macaron-Schalen streichen. Übrige Hälften aufsetzen und fertig.

LIMONCELLO-WALNUSS-MACARONS

22 Stk.

1,5 Std.

Leicht

Zutaten

Für die Macaron-Hälften:
95 g Puderzucker
2 Eiweiß
85 g fein gehackte Walnüsse
1-2 Tropfen gelbe Lebensmittelfarbe

Für die Creme:
3 EL Limoncello
100 g weiche Butter
95 g Puderzucker
Abrieb einer Zitrone

Nährwerte p. S.

101 kcal
10 g Kohlenhydrate
6 g Fett
1 g Eiweiß

1 ¾ des Puderzuckers und Nüsse im Mixer mahlen und zur Seite stellen. Ofen auf 185 °C Ober-/Unterhitze vorheizen.

2 Eiweiß aufschlagen, übrigen Puderzucker dabei zugeben und in 8 Minuten zu festem Eischnee weiterschlagen. Nussmischung darunterheben und Farbe zugeben.

3 Masse in einen Spritzbeutel geben und auf eine Backmatte oder ein mit Backpapier belegtes Backblech kleine Kreise spritzen. Diese 20 Minuten stehen lassen und anschließend bei 160 °C Ober-/Unterhitze im vorgeheizten Ofen 12-14 Minuten backen (bei mehreren Blechen den Ofen jedes Mal aufs Neue für 5 Minuten auf 185 °C erhitzen und dann wieder herunterstellen). Nach dem Backen abkühlen lassen.

4 Für die Creme Zucker, Limoncello, Butter und Zitronenabrieb 8 Minuten mit einem Mixer verrühren, bis die Masse fluffig ist.

5 Creme teelöffelweise auf die Hälfte der Schalen geben und die übrigen Schalen aufsetzen und leicht andrücken.

SCHOKOMACARONS MIT WHISKY-KARAMELL

35 Stk.

1 Tag

Mittel

Zutaten

Für die Macaron-Hälften:
160 g Zucker
140 g gemahlene Mandeln
23 g Backkakao
110 g Eiweiß
1 Prise Salz
45 g Puderzucker
45 ml Wasser

Für das Karamell:
28 ml Whisky
42 g Zucker
28 g Butter
1 Prise Salz

Für die Ganache:
18 g Butter
85 ml Schlagsahne
85 g Zartbitterkuvertüre

Nährwerte p. S.

90 kcal
9 g Kohlenhydrate
5 g Fett
2 g Eiweiß

1 Sahne im Topf aufkochen und auf die gehackte Kuvertüre in eine Schale geben. Nach wenigen Minuten verrühren, bis die Kuvertüre vollständig geschmolzen ist. Butter unterrühren und Ganache über Nacht, mit Frischhaltefolie abgedeckt, stehen lassen.

2 Zucker für das Karamell in einem kleinen Topf erhitzen, bis dieser geschmolzen ist. Whisky zugeben und unterrühren. Butter und eine Prise Salz zugeben und so lange rühren, bis eine glatte Masse entstanden ist. Karamell in ein Glas umfüllen und erkalten lassen.

3 Hälfte des Eiweißes mit dem Salz und 18 g Zucker für die Macaron-Schalen in eine Schale geben. Den übrigen Zucker und Wasser im Topf aufkochen und Eiweißmischung beginnen, aufzuschlagen, sobald das Zuckerwasser 104 °C erreicht hat. Zucker auf 112 °C weiter erhitzen und dann sofort langsam unter den Eischnee rühren. Weiterrühren, bis die Masse nur noch lauwarm ist.

4 Kakao, Mandeln, Puderzucker und übriges Eiweiß vermengen und dann nach und nach in den zuvor aufgeschlagenen Eischnee einarbeiten. Masse in einen Spritzsack geben und auf ein mit Backpapier belegtes Blech kleine Kreise spritzen.

5 Schalen ca. 30 Minuten trocknen lassen, dann bei 145 °C Umluft 12-14 Minuten im vorgeheizten Ofen backen und abkühlen lassen.

6 Ganache kurz aufschlagen, in einen Spritzsack umfüllen und auf die Hälfte der Schalen geben. Je etwas Karamell mittig darübergeben und die übrigen Macaron-Schalen aufsetzen und leicht andrücken.

PISTAZIENLIKÖR-MACARONS

25 Stk.

4 Std. 35 Min.

Leicht

Zutaten

Für die Macaron-Hälften:
2 x 42 g Eiweiß
115 g gesiebte gemahlene Mandeln
28 ml Wasser
115 g Zucker
115 g Puderzucker
Etwas grüne Lebensmittelfarbe (Paste)

Für die Füllung:
55 ml Schlagsahne
4 cl Pistazienlikör
65 g weiße Kuvertüre

Nährwerte p. S.

95 kcal
12 g Kohlenhydrate
4 g Fett
2 g Eiweiß

1 Mandeln und Puderzucker gemeinsam sieben, Zucker und Wasser im Topf aufkochen und dabei darauf achten, dass eine Temperatur von 120 °C nicht überschritten wird. Sobald es kocht, von der Platte nehmen.

2 Einen Teil des Eiweißes sehr steif aufschlagen und den Zuckersirup langsam einrühren. Anderen Teil sowie Lebensmittelfarbe unter die Mandelmischung rühren. Beide Mischungen vorsichtig miteinander mischen.

3 Masse in einen Spritzbeutel füllen und kleine Kreise auf ein mit Backpapier belegtes Blech oder eine Silikonmatte spritzen. Diese 60 Minuten trocknen lassen. Schalen bei 130 °C Umluft für 12-13 Minuten im vorgeheizten Ofen backen und danach abkühlen lassen.

4 Kuvertüre hacken und Sahne im Topf erwärmen. Wenn die Sahne sehr warm ist, diese über die Kuvertüre gießen und so die Kuvertüre schmelzen. Gut verrühren, Likör zugeben und abkühlen lassen.

5 Füllung nochmals durchrühren, in einen Spritzbeutel geben und auf die Hälfte der Macaron-Schalen spritzen. Deckel aufsetzen und für 2 Stunden (luftdicht verschlossen) kühl stellen.

PINA-COLADA-MACARONS

20 Stk.

2 Tage

Leicht

Zutaten

Für die Macaron-Hälften:
95 g blanchierte, gemahlene Mandeln
95 g Puderzucker
23 g Zucker
57 g Eiweiß (ca. 4 Tage alt)
Etwas gelbe Lebensmittelfarbe (Pulver)

Für die Ganache:
85 g püriertes Ananasfruchtfleisch
12 ml weißer Rum
110 g gehackte weiße Kuvertüre
12 g Kokosraspel

Nährwerte p. S.

94 kcal
10 g Kohlenhydrate
5 g Fett
2 g Eiweiß

1 Ananaspüree kurz im Topf aufkochen. Kuvertüre hacken und im Wasserbad zum Schmelzen bringen. Ananaspüree unterrühren und Rum zugeben. Ganache mixen und Kokosraspel einrühren. Über Nacht kühl stellen.

2 Mandeln und Puderzucker im Mixer fein mahlen und sieben. Eiweiß aufschlagen und dabei den Zucker einrieseln lassen. In 8 Minuten zu festem Eischnee weiterschlagen. Farbe dabei unterschlagen. Eischnee unter die Mandelmischung heben und dann alles in einen Spritzbeutel füllen.

3 Auf ein Blech mit Backpapier kleine Häufchen spritzen und diese 40-50 Minuten trocknen lassen. Anschließend bei 155 °C Umluft im vorgeheizten Ofen 12-14 Minuten backen. Das Blech nach der Hälfte der Zeit um 180° drehen. Herausnehmen und abkühlen lassen.

4 Ganache kurz durchrühren und in einen Spritzbeutel geben. Damit die Hälfte der Macaron-Hälften bespritzen und die übrigen Hälften aufsetzen und leicht andrücken.

5 Macarons vor dem Verzehr luftdicht verschließen und 24 Stunden kühl stellen.

KAFFEE-MACARONS MIT BAILEYS

22 Stk.

1 Std. 55 Min.

Leicht

Zutaten

Für die Macaron-Hälften:
70 g Eiweiß
160 g Puderzucker
45 g gemahlene Mandeln

Für die Creme:
45 g Butter
140 g Zartbitterschokolade
95 ml Baileys
1 EL Instant-Espresso

Nährwerte p. S.

106 kcal
12 g Kohlenhydrate
5 g Fett
1 g Eiweiß

1 Eiweiß steif schlagen. Puderzucker und Mandeln sieben und unter den Eischnee heben. Masse in einen Spritzsack geben und auf eine Backmatte oder ein mit Backpapier ausgelegtes Blech kleine Taler spritzen.

2 Diese 35 Minuten ruhen lassen und dann bei 140 °C Ober-/Unterhitze ca. 12-14 Minuten im vorgeheizten Ofen backen. Anschließend erkalten lassen.

3 Butter stückeln, Schokolade hacken und Baileys in einem Topf kurz erwärmen. Espresso hinzugeben und so lange rühren, bis dieser aufgelöst ist. Warmen Baileys in eine Schale geben und die Schokolade unterrühren, sodass diese schmilzt. Dann die Butter nach und nach unterrühren.

4 Creme in einen Spritzsack umfüllen und auf die Hälfte der Macaron-Schalen spritzen. Übrige Schalen aufsetzen und leicht andrücken.

EIERLIKÖR-MACARONS

30 Stk.

1 Tag

Mittel

Zutaten

Für die Macaron-Hälften:
140 g gemahlene, blanchierte Mandeln
140 g Puderzucker
140 g Zucker
35 ml Wasser
100 g Eiweiß
Etwas gelbe und orange Lebensmittelfarbe (Paste)

Für die Füllung:
85 ml Eierlikör
22 g Butter
230 g gehackte weiße Kuvertüre
37 ml Schlagsahne

Außerdem:
370 g gehackte weiße Kuvertüre

Nährwerte p. S.

578 kcal
71 g Kohlenhydrate
16 g Fett
33 g Eiweiß

1 Für die Macaron-Hälften Mandeln und Puderzucker mischen und fein mixen. Mischung in eine große Schale sieben. Die Hälfte des Eiweißes untermengen.

2 Wasser und Zucker im Topf zum Kochen bringen und das übrige Eiweiß bei Erreichen von 115 °C beginnen, steif zu schlagen. Bei 118 °C Topf von der Platte nehmen und den Sirup langsam in das Eiweiß schlagen. Masse so lange weiterschlagen, bis sie nur noch ungefähr 50 °C warm ist. Farbe zugeben.

3 Beide Mischungen miteinander vermengen und in einen Spritzbeutel geben. Auf ein mit Backpapier belegtes Blech Tupfer mit einem Durchmesser von ca. 4 cm spritzen. Bei 165 °C Umluft im vorgeheizten Ofen 10 Minuten backen, dabei das Blech nach der Hälfte der Zeit um 180° drehen.

4 Sahne und Eierlikör in einem Topf zum Kochen bringen und über die Kuvertüre geben. So lange rühren, bis diese geschmolzen ist. Butter einrühren, Ganache in einen Spritzbeutel füllen und eine Zeit lang abkühlen lassen.

5 Ganache auf einen Teil der Macaron-Schalen spritzen und die übrigen Schalen als Deckel aufsetzen. Macarons über Nacht kühl stellen und dabei luftdicht verschließen.

6 Am nächsten Tag weiße Kuvertüre im Wasserbad erst auf 45 °C erhitzen, dann auf 20 °C erkalten lassen und erneut auf 30 °C erhitzen. Diese Temperatur erhalten und die Macarons nacheinander mithilfe einer Pralinengabel oder aber zwei Teelöffeln vollständig in die Kuvertüre eintauchen. Überschüssige Kuvertüre abschütteln, Macarons zum Aushärten auf mit Backpapier ausgelegte Teller oder Bretter setzen und eine Weile kühl stellen, bis die Kuvertüre hart geworden ist.

TIRAMISU-MACARONS

40 Stk.

1 Std.
45 Min.

Leicht

Zutaten

Für die Macaron-Hälften:
200 g Zucker
260 g gemahlene, blanchierte Mandeln
6 Eiweiß
Etwas Backkakao
240 g Puderzucker
Etwas braune Lebensmittelfarbe

Für die Creme:
3 TL Amaretto
2 Vanilleschoten
370 g weiche Butter
1-2 TL Espressopulver (nach Geschmack)
180 g Puderzucker

Nährwerte p. S.

244 kcal
16 g Kohlenhydrate
19 g Fett
2 g Eiweiß

1 Puderzucker, Mandeln und Kakao mischen, fein mahlen und sieben. Eiweiß aufschlagen und Zucker in drei Portionen unterschlagen. Weiterschlagen, bis fester Eischnee entstanden ist. Dann die Mandelmischung und die Farbe unterheben.

2 Masse in einen Spritzsack füllen und auf ein mit Backpapier belegtes Blech kleine Kreise spritzen. Diese 30 Minuten trocknen lassen und anschließend bei 150 °C Umluft im vorgeheizten Ofen ca. 15 Minuten backen. Danach herausnehmen und erkalten lassen.

3 Butter aufschlagen, Puderzucker zugeben und Creme in zwei Schalen geben. In eine Schale das Mark der Vanilleschoten, in die andere das Espresso- und Kakaopulver sowie den Amaretto rühren.

4 Einen Spritzbeutel in ein Glas stellen und dunkle Creme an eine Seite des Glases drücken, die helle Creme an die andere Seite drücken. Creme in schneckenförmiger Bewegung auf die Hälfte der Macaron-Schalen spritzen und die übrigen Schalen aufsetzen.

LIKÖR 43-MACARONS

22 Stk.

2 Std. 5 Min.

Leicht

Zutaten

Für die Macaron-Hälften:
95 g Eiweiß
1 Prise Salz
200 g Puderzucker
115 g gemahlene, geschälte Mandeln
1 Vanilleschote

Für die Creme:
95 g Butter (zimmerwarm)
28 g Zucker
3 EL Likör 43
140 g weiße Kuvertüre

Nährwerte p. S.

152 kcal
15 g Kohlenhydrate
9 g Fett
3 g Eiweiß

1 Mandeln mit Puderzucker mischen und fein mahlen. Mark aus der Vanilleschote herauskratzen. Eiweiß mit Salz und Vanillemark steif schlagen und dabei nach und nach den Zucker zugeben. Danach unter die Mandelmischung heben.

2 Masse in einen Spritzbeutel geben und kleine Tupfer auf ein mit Backpapier ausgelegtes Backblech spritzen. Diese 30 Minuten ruhen lassen und anschließend bei 145 °C Ober-/Unterhitze im vorgeheizten Ofen auf unterster Ebene 15 Minuten backen. Eine halbe Stunde abkühlen lassen.

3 Kuvertüre hacken und im Wasserbad schmelzen. 20 Minuten abkühlen lassen.

4 Butter cremig schlagen und Likör und Kuvertüre unterrühren. Creme in einen Spritzbeutel geben und auf einen Teil der abgekühlten Macaron-Schalen geben. Übrige Schalen aufsetzen und etwas andrücken.

Macarons für Kinder

MELONEN-MACARONS

22 Stk.

1 Std.
55 Min.

Leicht

Zutaten

Für die Macaron-Hälften:
2 Eiweiß
140 g Puderzucker
18 g Zucker
85 g gemahlene Mandeln
Etwas schwarzer Sesam
Etwas rosa und grüne Lebensmittelfarbe

Für die Füllung:
190 g weiße Raspelschokolade
95 ml Schlagsahne

Nährwerte p. S.

121 kcal
12 g Kohlenhydrate
7 g Fett
2 g Eiweiß

1 Ein Eiweiß aufschlagen, dabei die Hälfte des Zuckers einrieseln lassen und den Eischnee rosa einfärben. Die Hälfte der Mandeln und des Puderzuckers sieben und unterheben. Mit dem anderen Eiweiß und den gleichen Zutaten genauso verfahren, die Masse aber grün einfärben.

2 Beide Massen in zwei Spritzbeutel geben und kleine Taler auf ein mit Backpapier ausgelegtes Blech spritzen. Mithilfe einer Pinzette je 6 Sesamkerne auf jeden rosanen Kleks setzen.

3 Schalen 20 Minuten antrocknen lassen und dann bei 145 °C Ober-/Unterhitze 12-14 Minuten im vorgeheizten Ofen backen. Eine halbe Stunde lang abkühlen lassen.

4 Währenddessen Sahne im Wasserbad erwärmen und Schokolade darin schmelzen lassen. Creme 20 Minuten abkühlen lassen, dann auf die grünen Macaron-Schalen streichen und die rosa Hälften draufsetzen.

MACARONS IN EINHORN-OPTIK

10 Stk.

35 Min.

Mittel

Zutaten

10 rosa eingefärbte Macarons (z. B. nach dem Grundrezept hergestellt)
Etwas weißer und goldener Rollfondant
Etwas Maisstärke
Bunte und glitzerne Streusel
Schwarzer Lebensmittelstift

Nährwerte p. S.

162 kcal
22 g Kohlenhydrate
8 g Fett
2 g Eiweiß

1 Streusel vermengen und Macarons der Seite entlang in die Streusel tunken, sodass sie an der Creme haften bleiben. Mit dem Stift Augen mit Wimpern auf die Macarons aufzeichnen.

2 Weißen Fondant auf einer mit der Stärke bestreuten Fläche ausrollen und 20 kleine Pferdeohren ausschneiden sowie zurechtformen. Aus dem goldenen Fondant 10 Hörner und das Innere für die Ohren formen. Dieses in die Ohren aus dem weißen Fondant drücken (ggf. mit etwas Wasser ankleben).

3 Die Hörner oben mittig auf die Macarons setzen und jeweils zwei Ohren links und rechts daneben. Fertig sind die Einhorn-Macarons!

GROẞE WEIẞE SCHOKO-MACARON-TORTE

8 Stk.

1 Tag

Leicht

Zutaten

Für die Macaron-Hälften:
95 g gemahlene, blanchierte Mandeln
95 g Puderzucker
25 g Zucker
58 g Eiweiß

Für die Füllung:
140 g weiße Kuvertüre
9 g Zucker
2 Eigelb
57 ml Vollmilch
85 g Schlagsahne

Nährwerte p. S.

298 kcal
27 g Kohlenhydrate
19 g Fett
6 g Eiweiß

1 Kuvertüre hacken und im Wasserbad zum Schmelzen bringen. Milch zum Kochen bringen und Eigelb mit Zucker verrühren. Milch nach und nach untermengen. Masse unter Rühren im Wasserbad auf ca. 80 °C erhitzen. Dann aus dem Wasserbad nehmen und Kuvertüre unterrühren. Ganache 20 Minuten erkalten lassen.

2 Sahne steif schlagen und in zwei Teilen unter die Ganache heben. Über Nacht, mit Frischhaltefolie abgedeckt, kühl stellen.

3 Puderzucker und Mandeln mischen und sieben. Eiweiß aufschlagen, Zucker dabei einrieseln lassen und in 10 Minuten zu festem Eischnee aufschlagen. Eischnee unter die Mandelmischung heben.

4 Masse in einen Spritzsack füllen und auf zwei mit Backpapier ausgelegte Bleche zwei gleich große Kreise von einem Durchmesser von ca. 20 cm spritzen (am besten vorher aufzeichnen). Dabei mittig beginnen und schneckenförmig nach außen arbeiten. Böden 30 Minuten ruhen lassen.

5 Böden auf mittlerer Ebene im vorgeheizten Ofen bei 160 °C Ober-/Unterhitze 20 Minuten backen. Herausnehmen und 20 Minuten erkalten lassen.

6 Einen Boden auf eine Kuchenplatte ziehen, Füllung auf diesen streichen, den zweiten Boden als Deckel aufsetzen und etwas andrücken. Torte luftdicht verschließen und über Nacht in den Kühlschrank stellen.

Tipp: Sie können die Macaron-Torte nach Ihrem Belieben verzieren, beispielsweise mit Ihren frisch gebackenen Lieblingsmacarons!

KÜKEN-MACARONS

25 Stk.

3 Std.
20 Min.

Mittel

Zutaten

Für die Macaron-Hälften:
190 g gemahlene, geschälte Mandeln
50 g Zucker
190 gesiebter Puderzucker
115 g Eiweiß
Etwas gelbe Lebensmittelfarbe

Für die Füllung:
19 g Maisstärke
135 ml Vollmilch
19 g Zucker
95 ml Zitronensaft
½ TL Zitronenabrieb
95 g weiche Butter
57 g Puderzucker
Etwas gelbe Lebensmittelfarbe

Für die Deko:
Etwas roter, pinker und schwarzer Fondant
½ EL Puderzucker
Wenige Tropfen Wasser

Nährwerte p. S.

139 kcal
15 g Kohlenhydrate
8 g Fett
3 g Eiweiß

1 Puderzucker und Mandeln mahlen und sieben. Eiweiß anschlagen, Zucker dabei zugeben und zu festem Eischnee weiterschlagen. Farbe zugeben und ca. 6 Minuten weiterschlagen. Eischnee unter die Mandelmischung heben.

2 Masse in einen Spritzbeutel geben und auf ein mit Backpapier ausgelegtes Blech kleine Taler spritzen. Diese 30 Minuten ruhen lassen. Macaron-Schalen bei 155 °C Ober-/Unterhitze ca. 14 Minuten im vorgeheizten Ofen backen. Abkühlen lassen.

3 Für die Creme Saft, Stärke, Zucker und Zitronenabrieb verrühren. Milch im Topf zum Kochen bringen und Stärkemischung unterrühren. So lange rühren, bis die Mischung andickt. Eine Minute köcheln lassen, einfärben und in einen Suppenteller füllen. Teller sofort mit Frischhaltefolie gut abdecken, damit sich keine Haut bildet. Im Kühlschrank abkühlen lassen.

4 Butter und Puderzucker aufschlagen und in den lauwarmen Pudding nach und nach einrühren. Creme 30 Minuten kühl stellen.

5 Creme kurz aufschlagen, in einen Spritzbeutel füllen und auf die Hälfte der Schalen spritzen. Übrige Schalen als Deckel aufsetzen. Nochmals eine Weile kühl stellen.

6 Roten und pinken Fondant dünn ausrollen. Aus dem roten kleine Dreiecke für die Schnäbel und aus dem pinken die kleine „Haube" formen. Kleine Augen aus dem schwarzen Fondant formen.

7 Puderzucker für die Deko in eine Schale geben und tropfenweise etwas Wasser zugeben, sodass sehr fester Guss entsteht. Schnäbel, Augen und Haube mithilfe eines Zahnstochers und dem Guss auf die Macarons kleben. Leicht andrücken und fertig sind die Küken-Macarons!

MONSTER-MACARONS

22 Stk.

1 Std. 50 Min.

Leicht

Zutaten

Für die Macaron-Hälften:
140 g Puderzucker
18 g Zucker
85 g gemahlene, geschälte Mandeln
70 g Eiweiß
Etwas grüne Lebensmittelfarbe

Für die Füllung:
190 g Vollmilchschokolade
95 ml Schlagsahne

Außerdem:
Lebensmittelstifte

Nährwerte p. S.

115 kcal
13 g Kohlenhydrate
6 g Fett
2 g Eiweiß

1 Sahne im Topf etwas erhitzen und Schokolade unter Rühren darin zum Schmelzen bringen. Dann in eine Schale umfüllen und kühl stellen.

2 Puderzucker mit Mandeln vermengen und sieben. Eiweiß steif schlagen und dabei den Zucker langsam zugeben. Lebensmittelfarbe ebenfalls zufügen und noch ein paar Minuten weiterschlagen. Mandelmischung in drei Portionen unter den Eischnee heben und in einen Spritzbeutel füllen.

3 Auf ein mit Backpapier ausgelegtes Backblech kleine Tupfer spritzen und diese 30 Minuten beiseitestellen. Dann bei 145 °C Umluft im vorgeheizten Ofen ungefähr 12 Minuten backen und abkühlen lassen.

4 Ganache kurz aufschlagen, in einen Spritzbeutel geben und auf die Hälfte der Macaron-Schalen spritzen. Die übrigen Schalen als Deckel aufsetzen und mit Lebensmittelstiften Monster-Gesichter auf die Macarons zeichnen.

MACARON-SAHNE-TORTE MIT HIMBEEREN

8 Stk.

6 Std. 20 Min.

Mittel

Zutaten

Für die Macaron-Hälften:
95 g gemahlene, geschälte Mandeln
2 Eiweiß
1 Prise Salz
140 g Puderzucker
Etwas rosa Lebensmittelfarbe

Für den Kuchenboden:
4 Eier
48 g Butter
1 Prise Salz
73 g Zucker
18 g Backkakao
95 g Weizenmehl
1 TL Backpulver

Für die Creme:
20 g Backkakao
115 g Zucker
950 g Schlagsahne
4 Pck. Sahnesteif

Außerdem:
2 Handvoll Himbeeren

Nährwerte p. S.

762 kcal
52 g Kohlenhydrate
58 g Fett
11 g Eiweiß

1 Mandeln mahlen und sieben. Puderzucker ebenfalls sieben. Eiweiß mit 1 Prise Salz steif schlagen, dabei Puderzucker langsam zugeben. Mandeln unterheben. Masse einfärben.

2 Masse in einen Spritzbeutel füllen und auf eine Backmatte oder ein mit Backpapier ausgelegtes Blech kleine Tupfer spritzen. Diese bei 95 °C Umluft im vorgeheizten Ofen 30 Minuten backen. Erkalten lassen.

3 Butter in einem kleinen Topf erwärmen und abkühlen lassen. Eier trennen und das Eiweiß steif schlagen. 73 g Zucker und 1 Prise Salz dabei zugeben. Eigelb nacheinander untermengen. Backpulver, Mehl und 18 g Kakao vermengen und über die Eiermischung sieben. Unterheben und Butter zugeben.

4 Teig in eine mit Backpapier ausgelegte Springform geben und im vorgeheizten Ofen bei 150 °C Umluft 22-24 Minuten backen. Abkühlen lassen.

5 Übrigen Kakao, 2 Packungen Sahnesteif und 17 g Zucker mischen. 380 g Sahne steif schlagen und die Kakaomischung unterschlagen. Kuchenboden aus der Form lösen, in der Mitte durchschneiden und den unteren Boden auf einer Tortenplatte platzieren. Springformrand herumlegen und die Hälfte der Sahnemischung darauf streichen. Den zweiten Boden auf die Sahne legen und die übrige Sahne darauf glattstreichen. 60 Minuten kühl stellen.

6 1 Packung Sahnesteif und übrigen Zucker vermengen. 380 g Sahne steif schlagen und Zuckermischung dabei zugeben. Tortenring entfernen und Rand mit Sahne einstreichen. 15 Minuten kühl stellen.

7 Restliche Sahne ebenfalls mit dem Sahnesteif schlagen und in einen Spritzbeutel geben. Macaron-Schalen in drei Reihen von unten nach oben an den Rand der Torte setzen. Dabei jede Reihe um ½ Macaron versetzt ansetzen. Sahne in die kleinen Lücken zwischen den Macaron-Schalen spritzen und dabei jede zweite Lücke freilassen.

8 Übrig gebliebene Sahne in kleinen Spritzern versetzt auf die Torte spritzen. Torte mit den Himbeeren dekorieren und 2 Stunden kühl stellen.

BÄREN-MACARONS

25 Stk.

1 Std.
50 Min.

Leicht

Zutaten

Für die Macaron-Hälften:
130 g gemahlene, geschälte Mandeln
220 g Puderzucker
90 g Eiweiß

Für die Creme:
2 EL Kokossirup
70 g Schlagsahne
190 g weiße Kuvertüre

Außerdem:
Weiße und dunkle Zuckerschrift für die Dekoration

Nährwerte p. S.

127 kcal
14 g Kohlenhydrate
7 g Fett
2 g Eiweiß

1 Mandeln mit 130 g Puderzucker fein mixen. Eiweiß steif schlagen und dabei den übrigen Puderzucker zugeben. Mandelmischung unterheben und die Masse in einen Spritzsack füllen.

2 Auf ein mit Backpapier belegtes Backblech 50 Kreise mit 5 cm Durchmesser sowie 75 kleine Kreise (1 cm Durchmesser) für Ohren und Schnauzen setzen. Diese 30 Minuten ruhen lassen.

3 Blech für 10-12 Minuten bei 160 °C Ober-/Unterhitze in den Ofen setzen. Dann herausnehmen und alles eine halbe Stunde lang abkühlen lassen.

4 Sirup und Sahne in einem Topf zum Kochen bringen. Kuvertüre hacken und unterrühren, bis sie vollständig geschmolzen ist. Creme in eine Schale umfüllen und abkühlen lassen.

5 Creme auf der Hälfte der Macaron-Schalen verteilen und übrige Schalen als Deckel aufsetzen. Mit der restlichen Füllung die Ohren und die Schnauzen auf die Macarons kleben. Zuletzt mit der Zuckerschrift die Bärengesichter vervollständigen.

KATZEN-MACARONS

24 Stk.

1 Std.
20 Min.

Leicht

Zutaten

Für die Macaron-Hälften:
70 g gemahlene Mandeln
2 Eiweiß
45 g Zucker
100 g Puderzucker
Etwas schwarze Lebensmittelfarbe

Für die Füllung:
150 g Schlagsahne
75 g Zartbitterschokolade

Nährwerte p. S.

82 kcal
8 g Kohlenhydrate
5 g Fett
1 g Eiweiß

1 Eiweiß 24 Stunden abgedeckt kühl stellen.

2 Mandeln mit Puderzucker mixen, zweimal sieben und Eiweiß auf Zimmertemperatur kommen lassen. Dann schaumig schlagen und dabei langsam den Zucker und die Farbe zugeben. Zu festem Eischnee weiterschlagen. Mandelmischung unter den Eischnee heben und alles in einen Spritzbeutel füllen.

3 Auf ein mit Backpapier ausgelegtes Blech kleine Tupfer spritzen. Für die Katzenohren mit einem Essstäbchen den Teig an zwei Stellen leicht nach außen ziehen. Dies aber nur bei der Hälfte der Macaron-Schalen machen.

4 Schalen 40 Minuten trocknen lassen und anschließend bei 130 °C Umluft im vorgeheizten Ofen auf mittlerer Ebene ca. 14 Minuten backen. Danach abkühlen lassen.

5 Währenddessen für die Füllung Schokolade im Wasserbad schmelzen und davon 1 Teelöffel abnehmen. Die Hälfte der (zimmerwarmen) Sahne untermengen, dann den Rest. Alles gut verrühren und die Füllung 90 Minuten kühl stellen.

6 Rest der Schokolade verwenden, um mit einem Zahnstocher Katzengesichter auf die Macaron-Schalen mit den Ohren zu malen.

Füllung steif schlagen, in einen Spritzbeutel füllen und auf die runden Schalen spritzen. Die verzierten Schalen mit den Ohren aufsetzen und fertig sind die Katzen-Macarons.

BLAUBEER-MACARON-TORTE

8 Stk. | 7 Std. | Mittel

Zutaten

Für die Macaron-Hälften:

69 g Eiweiß
19 g Zucker
140 g Puderzucker
86 g gemahlene, blanchierte Mandeln
1 Msp. lila Lebensmittelfarbe (Pulver)

Für den Mürbeteig:

85 g Weizenmehl
28 g Kartoffelstärke
1 Prise Salz
1 Eigelb
47 g Zucker
47 g Butter

Für den Guss:

75 g Mandeln
57 g Zucker
9 g Speisestärke
1 Eigelb
15 ml Vollmilch
57 g Butter

Für die Marmelade:

260 g Blaubeeren
260 g Gelierzucker
1 EL Zitronensaft

Für die Creme:

75 g Mascarpone
2 TL Vanillezucker
2x 140 g Schlagsahne
38 g Zucker
28 g Blaubeermarmelade (durch ein Sieb gestrichen)
2 TL Gelatine (Pulver)
1 Pck. Sahnesteif

Nährwerte p. S.

758 kcal
95 g Kohlenhydrate
40 g Fett
9 g Eiweiß

1 Für die Macaron-Hälften Puderzucker und Mandeln mischen, fein mahlen und sieben. Eiweiß steif schlagen, dabei Zucker einrieseln lassen und Farbe unterschlagen. Mandelmischung unterheben und Masse in einen Spritzbeutel geben.

2 Kleine Tupfer auf ein mit Backpapier ausgelegtes Blech oder eine Backmatte spritzen und diese 25 Minuten trocknen lassen. Dann bei 150 °C Ober-/Unterhitze im vorgeheizten Ofen ca. 13-14 Minuten backen. Abkühlen lassen.

3 Für den Teig Zucker, Salz, Mehl und Stärke vermengen und mit Butter verrühren. Eigelb zugeben und gut verkneten. 25 Minuten kühl stellen. Teig auf ein wenig Mehl dünn ausrollen und in eine mit Backpapier ausgelegte Springform legen. Einen kleinen Rand formen.

4 Für den Guss Butter, Stärke, Mandeln und Zucker mischen und mit Eigelb und Milch verrühren. Masse auf den Boden in der Springform streichen. Kuchen im vorgeheizten Ofen bei 165 °C Umluft ungefähr 25-27 Minuten backen. Abkühlen lassen. Dann für die Marmelade Beeren mit 2/3 des Zuckers im Topf und Zitronensaft aufkochen. Danach sieben und abkühlen lassen.

5 Etwas größere Löcher in den Kuchen stechen, 1/3 der Marmelade in einen Spritzbeutel füllen und in die Löcher spritzen. Übrige Marmelade mit dem übrigen Gelierzucker noch einmal 1 Minute kochen lassen und dann abkühlen lassen. Mit der Marmelade die Macarons befüllen, aber 3 EL von der Marmelade übrig lassen.

6 Für die Creme die Hälfte der Sahne, Marmelade, Zucker, Gelatine und Mascarpone aufschlagen und 25 Minuten kühl stellen. Vanillezucker, übrige Sahne und Sahnesteif ebenfalls aufschlagen.

7 Kuchen mit 3 EL der Blaubeermarmelade mittig bestreichen und dabei den Rand auslassen. Mascarpone-Creme in einen Spritzbeutel füllen und auf den Rand des Kuchens dicke Tupfer spritzen. Zwischen jeden Tupfer einen Macaron legen und die Sahne in die Mitte geben. Übrig gebliebene Macarons können so verzehrt werden.

8 Torte 2 Stunden in den Kühlschrank stellen und dann verzehren.

KINDERSCHOKOLADE-MACARONS

40 Stk.

1 Std. 35 Min.

Leicht

Zutaten

Für die Macaron-Hälften:
190 g Puderzucker
95 g Zucker
170 g gemahlene Mandeln
130 g Eiweiß
1 Prise Salz
Lebensmittelfarbe n. B.

Für die Ganache:
370 g Kinderriegel
140 g Schlagsahne

Nährwerte p. S.

121 kcal
12 g Kohlenhydrate
7 g Fett
2 g Eiweiß

1 Eiweiß mit Salz schaumig schlagen, Zucker einrieseln lassen und ganz steif schlagen. Mandeln und Puderzucker mischen, sieben und unter den Eischnee heben. Nun die Lebensmittelfarbe untermischen.

2 Masse in einen Spritzsack füllen und auf ein Backblech mit Backpapier Taler mit 4 cm Durchmesser spritzen. Macaron-Schalen 60 Minuten ruhen lassen und dann bei 140 °C Umluft im vorgeheizten Ofen ca. 13 Minuten backen. Herausnehmen und abkühlen lassen.

3 Sahne im Topf erwärmen und die Schokolade darin schmelzen. Ganache 20 Minuten abkühlen lassen. Wenn die Ganache zu dick wird, einfach etwas Sahne zugeben.

4 Ganache in einen Spritzsack geben und auf die Hälfte der Schalen spritzen. Übrige Schalen aufsetzen und leicht andrücken.

MACARONS IN SCHNEEMANN-OPTIK

25 Stk.

1 Std. 45 Min.

Leicht

Zutaten

Für die Macaron-Hälften:
95 g gemahlene Mandeln
2 Eiweiß
140 g Puderzucker
2 TL Zucker
1 Prise Salz
1 Pck. Vanillezucker

Für die Füllung:
2 EL feine Aprikosenmarmelade
48 g Marzipan-Rohmasse

Für die Dekoration:
Zuckerstifte

Nährwerte p. S.

63 kcal
8 g Kohlenhydrate
3 g Fett
1 g Eiweiß

1 Puderzucker mit Mandeln vermengen, fein mixen und sieben. Eiweiß mit Zucker, Vanillezucker und Salz sehr steif schlagen und unter die Mandelmischung heben.

2 Masse in einen Spritzsack geben und auf ein mit Backpapier belegtes Blech nacheinander je einen Tupfer mit einem Durchmesser von 2-3 cm und direkt daran einen weiteren mit 1 ½ cm Durchmesser – für den Schneemann-Kopf – spritzen. Dabei darauf achten, dass die Schneemänner gleichmäßig groß sind, da sie sich später sonst nicht gut zusammensetzen lassen.

3 Blech 30 Minuten stehen lassen. Dann die Macaron-Schalen bei 150 °C Ober-/Unterhitze 12 Minuten auf mittlerer Ebene im vorgeheizten Ofen backen und danach abkühlen lassen.

4 Marzipan und Marmelade gemeinsam glattrühren und Schneemann-Macaron-Hälften damit zusammensetzen. Mit den Zuckerstiften Knöpfe auf den Körper der Schneemänner sowie Gesichter zeichnen.

MACARON-MARZIPAN-TORTE MIT WEIẞER SCHOKOCREME

8 Stk.

6 Std.
20 Min.

Mittel

Zutaten

Für die Macaron-Hälften:
50 g gemahlene Mandeln
43 Eiweiß
1 Prise Salz
95 g Puderzucker
11 g Zucker
Lebensmittelfarbe n. B. (Pulver)

Für die Tortenböden:
1 EL Backpulver
6 Eier
190 g Zucker
190 g Weizenmehl
6 EL Wasser
2 Pck. Vanillezucker
95 g gemahlene Mandeln

Für die Tortencreme:
370 g weiße Schokolade
150 ml Schlagsahne
1 EL Vanillepaste
3 verschiedene Lebensmittelfarben n. B.
440 g Butter (zimmerwarm)
75 g Puderzucker

Außerdem:
300 g Marzipan-Rohmasse
Etwas Weizenmehl

Nährwerte p. S.

1.345 kcal
108 g Kohlenhydrate
93 g Fett
19 g Eiweiß

1 Für die Macaron-Schalen Mandeln und Puderzucker im Mixer mahlen. Eiweiß mit Salz anschlagen, dann Zucker zugeben und zu festem Eischnee schlagen. Farbe zugeben. Mandelmischung unter den Eischnee heben.

2 Masse in einen Spritzbeutel geben und 28 Hälften auf ein mit Backpapier belegtes Blech spritzen. Diese 35 Minuten trocknen lassen und anschließend bei 145 °C Ober- /Unterhitze im vorgeheizten Ofen 14-16 Minuten backen. Herausnehmen und abkühlen lassen.

3 Für die Böden zunächst 3 Eier mit 3 EL Wasser schaumig aufschlagen. Die Hälfte des Zuckers und des Vanillezuckers unterrühren, dann die Hälfte der Mandeln, des Backpulver und des Mehls mischen und auf die Masse sieben. Gut verrühren.

4 Teig in eine gefettete und mit Backpapier ausgelegte Springform füllen und bei 175 °C Ober-/Unterhitze im vorgeheizten Ofen ungefähr 30 Minuten backen. Abkühlen lassen und aus der Form stürzen. In der Mitte vorsichtig durchschneiden.

5 Schritte 3 und 4 wiederholen.

6 Für die Creme Schokolade hacken und Sahne im Topf auf 85 °C erwärmen. Dann Sahne auf die Schokolade gießen und ein paar Minuten so stehen lassen. Dann verrühren, sodass sich die Schokolade vollständig auflöst. Masse 60 Minuten bei Zimmertemperatur abkühlen lassen.

7 Butter, Vanillepaste und Puderzucker eine Weile aufschlagen. Sahnemischung unterrühren. Tortencreme auf die Hälfte der Macaron-Schalen streichen und die übrigen Schalen als Deckel aufsetzen. Nach Belieben einfärben. Übrige Creme in drei gleich große Portionen aufteilen. Nach Belieben Lebensmittelfarbe unterrühren.

8 Marzipan in 4 gleichmäßige Stücke teilen und mit etwas Mehl kreisförmig ausrollen. Der Kreis sollte die Maße der Kuchenböden haben.

9 Den ersten Tortenboden auf eine Tortenplatte legen und einen Marzipankreis darüberlegen. 90 g Tortencreme darauf streichen (sodass etwas Tortencreme übrig bleibt) und den Vorgang weitere 3 Male wiederholen, bis eine vierstöckige gefüllte Torte entstanden ist.

10 An die Ränder etwas von der übrigen Creme streichen, dabei darauf achten, dass der jeweilige Rand in der entsprechenden Farbe der Creme angestrichen wird.

11 Für die Dekoration den Rest der Creme in einen Spritzbeutel geben und acht kleine Tupfer in gleichmäßigen Abständen auf die Torte spritzen. Auf jeden Tupfer einen Macaron setzen. Die übrigen Macarons können Sie so verzehren oder damit auch die Torte dekorieren.

OSTERHASEN-MACARONS

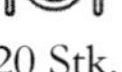
20 Stk.

1 Std.
40 Min.

Leicht

Zutaten

Für die Macaron-Hälften:
3 Eiweiß
1 Prise Salz
190 g Puderzucker
115 g gemahlene Mandeln
28 g Zucker

Für die Creme:
90 g Butter
45 g Puderzucker
2 Tropfen Vanillearoma
45 g weiße Kuvertüre

Außerdem:
Lebensmittelstifte

Nährwerte p. S.

136 kcal
15 g Kohlenhydrate
8 g Fett
2 g Eiweiß

1 Eiweiß mit Salz aufschlagen, Zucker dabei einrieseln lassen und sehr steif schlagen. Mandeln und Puderzucker sieben und vorsichtig unterheben.

2 Masse in einen Spritzsack geben und auf ein mit Backpapier ausgelegtes Blech zuerst kleine Kreise spritzen. Dann jeweils links und rechts einen länglichen Strich an den Hasenkopf für die Ohren spritzen. Dabei darauf achten, dass die Hasenköpfe identisch groß sind.

3 Hasenköpfe bei 155 °C Umluft 12-14 Minuten backen und anschließend abkühlen lassen.

4 Hasen-Macarons zur Hälfte mithilfe der Stifte mit einem passenden Hasen-Gesicht versehen.

5 Für die Füllung Kuvertüre im Wasserbad schmelzen. Zucker, Butter und Vanillearoma unterrühren und alles eine Weile abkühlen lassen. Creme auf die Hälfte der Hasen-Macarons streichen, die übrigen Macarons aufsetzen und fertig!

OREO-MACARONS

26 Stk.

2 Std
15 Min.

Leicht

Zutaten

Für die Macaron-Hälften:
95 g gemahlene, blanchierte Mandeln
1 Prise Salz
95 g Eiweiß
170 g gesiebter Puderzucker
33 g Zucker

Für die Füllung:
75 g Oreos
140 g weiche Butter
½ EL Backkakao
170 g gesiebter Puderzucker

Nährwerte p. S.

133 kcal
16 g Kohlenhydrate
7 g Fett
2 g Eiweiß

1 Mandeln und Puderzucker sieben und Eiweiß mit Salz schaumig aufschlagen. Zucker nach und nach zugeben und zu festem Eischnee weiterschlagen. Mandelmischung unter den Eischnee heben.

2 Masse in einen Spritzsack füllen und auf ein mit Backpapier belegtes Blech kleine Häufchen spritzen. Diese 60 Minuten stehen lassen. Macaron-Schalen anschließend bei 130 °C Umluft im vorgeheizten Ofen ca. 15 Minuten backen, dabei das Blech nach der Hälfte der Zeit um 180° drehen. Abkühlen lassen.

3 Oreos fein mixen und mit Puderzucker und Kakao mischen. Butter cremig rühren und Oreo-Mischung unterrühren. Füllung 2 Minuten auf höchster Stufe aufschlagen, dann in einen Spritzsack geben.

4 Füllung auf die Hälfte der Macaron-Schalen spritzen und die übrigen Schalen aufsetzen.